大学入試問題集

関正生の

英語長文

ポラリス ✦ POLARIS

基礎レベル

関正生 著

🐤 音声ダウンロードについて

　本書に収録している英文を、ネイティブスピーカーが読み上げたMP3形式の音声ファイルをダウンロードすることができます。

https://www.kadokawa.co.jp/product/322208000911/

[ユーザー名] Polaris-0　[パスワード] Poralis-0-202302

- ●ダウンロードはパソコンからのみとなります。携帯電話・スマートフォンからのダウンロードはできません。
- ●音声はmp3形式で保存されています。お聴きいただくには、mp3を再生できる環境が必要です。
- ●ダウンロードページへのアクセスがうまくいかない場合は、お使いのブラウザが最新であるかどうかご確認ください。また、ダウンロードする前に、パソコンに十分な空き容量があることをご確認ください。
- ●フォルダは圧縮されていますので、解凍したうえでご利用ください。
- ●音声はパソコンでの再生を推奨します。一部ポータブルプレイヤーにデータを転送できない場合もございます。
- ●本ダウンロードデータを私的使用範囲外で複製、または第三者に譲渡・販売・再配布する行為は固く禁止されております。
- ●なお、本サービスは予告なく終了する場合がございます。あらかじめご了承ください。
- ●音声については、本書の8ページで詳しく解説しています。

ナレーション／Howard Colefield

「ポラリス」とは？

　北極星は常にその位置を変えず、1年を通して光り輝きます。昔の旅人にとっては、方角を知るための大切な道標（みちしるべ）でした。

　大学入試において長文の出来で合否が決まるのは紛れもない事実ですが、長文の勉強のはずなのに文法事項の確認ばかりが続き、語句と和訳を見て終わる学習の仕方が多いように思えます。でもそれは「長文の勉強」ではありません。そうかと思えば、英文全体の論理展開をまとめたり、段落ごとのメモが推奨されたり、英文の要約をさせられたり、さらには「抽象から具体への流れを意識して読もう」ということまでが一気に詰め込まれたり… そういった指導は「すでにスラスラ長文が読める」ことが前提となっているときにだけ効果を発揮するものです。

　そういった雑音に惑わされ、もはや暗闇に包まれてしまっている受験生に、この本がどこへ進むべきかを教える、旅人の道を照らし出す北極星のような存在になればという願いから「北極星」という意味の「ポラリス（Polaris）」がこの本に名づけられています。

　『英語長文ポラリス』シリーズは発売以来、テーマの的中を連発して（ときには英文そのものもまったく同じものが出題）、受験生からとても大きな支持をいただきました。そんな中、「もっと早い段階からポラリスをやりたい」という声に応えて、現状の「標準レベル1」より1段階易しい「基礎レベル "0"」としてこの本が生まれました。
　書店に並ぶ膨大な数の長文問題集の中からこの本を手にしてくれたみなさんに「やってよかった」「自分が生まれる前の長文ばかりを集めたものではなく、これからの入試に出る英文が見えてきた」といったことを感じとってもらえるはずです。

　そんな本書は多くの方のご尽力から生まれました。本書に関わってくれたすべての方々に感謝します。特に株式会社KADOKAWAの原賢太郎編集長

とは「基礎レベルとは？」をきちんと議論することから始め、さまざまな意見交換をさせていただきました。そして『ポラリス』シリーズを常に見守ってくれる細田朋幸さんにも感謝を申し上げます。多くの高校生・受験生がこの本で英語力をつけて、志望校に合格していくことを我々一同、心から願っております。

関 正生

本書の特長

▶「これから出続けるテーマ」を選出

「過去によく出た」長文ではなく、「今後出そうなテーマ」の長文を載せました。入試の流れ・大学の方針・世界での話題などを十分に考慮して選び抜いた英文です。

▶「なぜこの長文を読むのか?」を明示

単に「良い英文だから」と言われても納得できませんよね。本書はすべての長文に「この英文を読む意義」として、どんな価値があるのかを明確に言葉にしました。時間の限られた受験生が、不安に包まれて試行錯誤しながらも、貴重な時間と気力を注ぎ込むに値する英文ばかりです。

▶ 入門書として「長文に入りやすい」工夫

いきなり入試問題に取り組むのが大変な場合、各長文の「予習」を利用してください。キーとなる語句や文法などを確認しておくことで、長文を読む負担が減り、英文読解に集中しやすくなります。

▶ 長文の勉強に完全フォーカス

本書は長文の演習書なので、「長文を読む・設問を解く」ことにフォーカスしています。文法の基本事項にページを割いたりせず（設問を解くのに必要な解説はしています）、また、文章の論理展開や要約など余計な負担をかけずに、入試問題を攻略する最短経路を示しました。

▶ 700万人から支持された解説力

解説は的確にポイントを掴み、僕が過去に教えてきた700万人以上の生徒の感想を考慮して、多すぎず、少なすぎずという分量にしました。

▶ 国公立の問題も収録

基礎用の長文問題集で国公立の問題が収録されることはあまりないでしょう。それではかえって「国公立は難しい・記述問題ができない」という苦手意識を増長するだけです。「国公立でも入門レベルの英文が出る」「記述問題でもきちんと考えれば解ける」という体験が本書では可能となります。

▶ トップレベルまで一貫した方針で勉強できる

『ポラリス』シリーズは一貫した方針・解説なので、この本で勉強したことは、将来、『ポラリス3（早慶上智レベル）』という最高レベルの英文までスムーズにつながるようになっています。

本書の使い方

ステップ1 ▶ 問題にチャレンジ

まず LESSON 0（14ページ）を読んでから、別冊の問題に取り組んでください（先に18ページの「予習」を見るのもOK）。参考までに、その大学を受ける際の「本番想定時間」を示しましたが、これはあくまで入試直前期（1月）に目指すものです。この本に取り組むときには「演習時間の目安」を参考にしてください。ただし、あくまで目安ですから時間は気にせず、「しっかり読む」ことに集中することが大事です。

ちなみに「本番想定時間」はあくまで出題した大学を基準にしています。つまり私立大学の問題は時間がきつく、国立大学なら時間に余裕がある表示になっています。

ステップ2 ▶ 解説をチェック

演習用問題集はどうしても解説が手薄になりがちですが、しっかりとした解説を書きましたので、正解した問題の解説もしっかり読んでください。必ず得るものがあるはずです。

※本文の該当箇所は、たとえば「第2段落第4文」は②-4と示しています。

ステップ3 ▶ 構文解析

すべての英文に構文の記号をつけたので、難しい英文もここで確認できます。構文解析の記号については10ページで。

ステップ4 ▶ 復習

復習用に、「英文再掲」（空所・下線を削除した純粋な英文）コーナーを設けました。まずは音声をダウンロードして何度も聞きこんでください（目安は3～5回）。音声のスピードは「受験生が入試本番で長文を読む理想のスピード」に設定しました。そのペースを頭に染み込ませてください。

次に英文を音読してください。詳しいやり方は8ページにありますが、今は読み飛ばして、後で復習をするときにじっくり読んでみてください。音読により、復習の効果は劇的に変わります。

補足 ▶ **なぜ長文の問題集に「音声」があるのか？**

　最近では長文の問題集に音声素材がつくことが増えましたが、その意義が語られることはありませんので、少し触れておきます。

　「はじめに」でも触れたとおり、長文の勉強は本来の目的を見失い、散漫な勉強になりがちです。ですから長文の勉強でディクテーションなどは不要だと考えます。ではなぜこの本に音声があるのか？

　それは音読を効果的に行うため、言ってみれば「音読の模範」として何度も聞き込めるようにするためです。この本は長文を読むための最短ルートを示しました。音声もそのルートの大事な一部となります。

 音読の効果

　英語を「速く」読むために必要なのは「英語を英語のまま理解できる」力です。**実は音読には「英語を英語のまま処理できる力」を養う効果がある**のです。

　1つの英文を最低30回、目標は50回音読してください。2〜3回英文を読んだだけでは、いちいち日本語に置き換えないと意味が理解できないかもしれませんが、何度も繰り返して同じ英文に触れていくうちに、英語のまま処理できるようになります。**「日本語に訳す＋日本語で理解する」時間が一気にカットされるので、英文を読むスピードが劇的に上がります。**

【 音読の注意点 】
①必ず声に出す（黙読だと無意識のうちに目で飛ばしてしまう）。
②声の大きさは無関係（ボソボソで十分なのでカフェでもできます）。
③何も考えず字面だけ追っても効果はありません。
　(a)まずは構文を意識しながら10回
　(b)次に英文を読みながら意味が浮かぶように10回
　(c)最後は自然なスピードで10回
④目標は1日30分。早ければ2ヶ月、普通は3ヶ月で効果が出ます。
⑤同じ英文を一気に30回も読む必要はありません。1日5回×6日＝合計
　30回が目安です。

▶「シリーズ」の各レベルについて

本シリーズはすでに3冊あり、4冊目となる本書が一番の基礎となります。

発展　レベル3

目標大学：早慶上智・旧帝大・難関国立大学（筑波・横浜国立など）
共通テスト（リーディング）100点／英検準1級レベル

応用　レベル2

目標大学：GMARCH・東京理科大・関関同立・地方国公立大学
共通テスト（リーディング）90点／英検2級レベル

標準　レベル1

目標大学：日東駒専〜成城・成蹊・明治学院など
共通テスト（リーディング）80点／英検準2級〜2級レベル

基礎　レベル0　（本書）

目標大学：受験生なら、神奈川大・武蔵大〜日東駒専など
共通テスト（リーディング）75点／英検準2級レベル
※上位大学を目指す高1・高2が基礎確認として使ってもOK

構文解析の記号

品詞の考え方

[1] 名詞 → S・O・Cになる

名詞はS（主語）、O（目的語）、C（補語）のどれかになります。

[2] 形容詞 → 名詞修飾 or Cになる

形容詞は名詞を修飾（説明）するか、C（補語）になります。

[3] 副詞 → 名詞以外を修飾

副詞は動詞・形容詞・他の副詞・文全体を修飾します。「名詞以外を修飾」と覚えればカンタンです。

句と節の考え方

「句」も「節」も基本的に「カタマリ」と考えれば十分です。たとえば、「名詞句」とは「名詞のカタマリ」です。「副詞節」なら「副詞のカタマリ」です（厳密にはSVがなければ「句」、あれば「節」）。

例 a tall boy「背の高い少年」　これは名詞句になります。

例 If you go now, you can catch the train.

「今すぐ行けば、電車に間に合いますよ」

If you go nowの部分がカタマリになって、動詞（can catch）を修飾しています。動詞を修飾するのは副詞ですから、If you go nowは「副詞のカタマリ（＝副詞節）」になります。

カッコの使い分け

名詞句・名詞節 → 〈　　　〉　※名詞は重要なので、目立つ〈　　　〉を。

形容詞句・形容詞節 → [　　　]

※英語の辞書では、in [on] と書いてあった場合、inとonが交換可能です。the boy [who is tall] ならば、the boyとwho is tallがある意味交換可能と言える対等な内容を示すので、形容詞には [　] を使っています。

副詞句・副詞節 → (　　　)

※副詞は「なくてもかまわない要素」なので、(　　　) を使います。

その他

相関表現 → ▢▢▢▢ ～ ▢▢▢▢

等位接続詞 → ⬚⬚⬚⬚　　　　**従属接続詞 → ▭▭▭▭**

省略されている語句 → {　　　}

※ちなみに、本来「名詞」があるが、欠けている所にはφを入れました。

CONTENTS

LESSON 1
「ボランティア活動は腹黒い？」
▶ 高崎経済大学（前期）

LESSON 2
「もはや常識の『プラスチック汚染』」
▶ 成蹊大学（理工）

LESSON 3
「1円玉はもういらない？」
▶ 宮城教育大学（前期）

LESSON 4
「自動運転の安全性」
▶ 尾道市立大学（前期）

LESSON 5
「宇宙飛行士に障がいは関係ない！」
▶ 神奈川大学（法・経済・経営・外国語・国際日本・人間科・理・工・建築）

本文デザイン/西垂水敦 (krran)
イラスト/けーしん、村山宇希

関正生の

英語長文

ポラリス ✦ POLARIS 0

基礎レベル

解答・解説篇

関正生 著

「定番の英文」が出ていない！

僕が高校生の頃（1990年代）は「入試定番の英文が出る」と言われ、「この長文を過去に出した大学は7校もあって…」といったことをウリにする指導もありました。古典とも言えるものなど、同じ英文が何度も出ることがありました。でもこれは、みなさんが生まれるよりもずっと前の話です。

大学入試の英文は2010年ごろから少しずつ変わり始め、最新の英文が出ることが増えてきました。その後、2015年ごろには、かつて「鉄板」と言われた英文はことごとく姿を消し、最新の論文・英字新聞からの出題が激増したのです。その傾向は今も変わらず、もはや「新しいテーマ」こそがメインというのが今の入試なのです。これは大学の難易度を問わず、全国すべての大学に当てはまります。早稲田・慶応であろうが、難易度の高くない大学であろうが、「自動運転」「宇宙」「プラスチック汚染」「フードロス」などのテーマを出題するのです。
長文の効果的な勉強法として、「過去（今までに何度も出た英文）に目を向ける」のではなく、「未来（これから出るテーマ）に目を向ける」ことがこれからは大切であり、それを実現させるための問題集が、この『英語長文ポラリス』シリーズです。

テーマを知っていることのメリット

あれこれ言う前に1つ言ってしまうと、「自分が生まれる前の英文や、もはや誰も話題にしない内容より、最近の話題を取り上げた英文のほうが読んでいて楽しくないですか？」という僕の本音があるのですが、もう少しきちんと語ってみましょう。

言うまでもなく、科学技術が進歩して、少し前では考えられなかったことが身の回りに起きています。それを説明するための単語も常にアップデートされているわけです。ですから、単語帳では追いつかない、でも大事な単語というものがたくさんあるのです。
多くの単語帳に載っていない重要な単語としては、self-driving「自動運転の」、cashless「現金不要の」、go viral「急速に拡散される・バズる」、そして載ってはいるものの強調されない単語としてlaunch「ロケットを打ち上げる」、orbit「〜の周りを回る」があります。この2つは「宇宙」に関する英文では最重要単語となります。

leftovers「食べ残し」は「フードロス」の英文でとても重要です。こういった単語は最新入試に目を向け、その中で今後も出そうな英文を読んでいれば身につくものですが、受験生が全国の大学の入試問題に目を通し、さらにその中で出そうなものを分析することなど不可能ですから、この本で厳選されたテーマの英文を読んで単語や背景知識を身につけられるというメリットがあるのです。

こういった最新テーマとして本書に採用したのは「プラスチック汚染」「自動運転」「宇宙・障がい・ジェンダー」「Mr. を使わない動き」「フードロス」に関する英文です。

「入試の真実」を知っておこう

ただし、入試には「最新テーマ」だけが出るわけではありません。もう1つ、入試の新しい動きとしてよく出るのが「定番の話題に再考を促したり、否定するもの」です。本書では「ボランティア活動へのダメ出し」「少額硬貨の廃止論」「ノンバーバルコミュニケーションは本当に大事なのか?」「動物園の役割」「人種教育」に関する英文を採用しました。これは従来の考えとは真逆の結論になることも多く、昔の英文ばかり読んでいる受験生が本番で見たら驚くものばかりでしょう。この本で「ダメ出しする英文は多い」ということに慣れていれば、本番での心の余裕にもつながりますし、何より若者の視野を大きく広げることになるでしょう。

1つ例を挙げてみましょう。学校では「ボランティア活動は常に良いもの」とされています。しかし現実には推薦入試の材料(面接でのアピール材料)として使われたり、「安易なボランティアへの参加」が現地の人には迷惑だ、という意見だってあるのです。そういった内容は口コミやネットでは見かけるでしょうが、大学入試の英文にも出ているのです(しかも国公立大の英文です)。

その英文はLESSON 1で採用したので詳しくはそちらで解説しますが、その英文を採用した意図は(きっと大学の出題意図も)決して「奇をてらう」というものではなく、高校生が当たり前だと信じて疑わないことに別の角度から光を当て、大人の都合に合わせて隠していることを伝え、そのうえで客観的な判断ができる大人になってほしいという願いからです。一言で言えば「現実を知っておこう」という意図があります。この英文は少し難しいのですが(ここで少しネタバレするくらいでちょうどいいかもしれません)、どうしても最初に読んでもらいたいのです。それによって、本書ではLESSON 1だけで「現在の入試の"真実"」と「本書の"方向性"」が見えてくるからです。

さらに別の長文では「『人種が違っても中身は同じ』なんてメッセージは子どもに良

い影響を与えない」というものもあります（LESSON10）。これが女子大の家政学部で出ているのです。

こういった英文で「今の大学入試は昔とは全然違う」ということを実感してほしいのです。昔の英文を載せている問題集では、基礎レベルの場合、「優等生発言の英文ばかり」かもしれませんが、実際にはそれは過去の遺物なのです。

この本は単に新しくて珍しいテーマや面白いだけの英文を集めたわけではありません。膨大な入試問題の中には単なる一過性のものも数多くあります。いくら新しくても「数年後は出ない」ようなものでは、ちょっと勉強のモチベーションが上がりませんよね。本書で採用した英文はどれも一過性のものではなく、今後も出るはずという確固たる自信を持って選出したものです。

もちろん未来のことは誰にもわからないわけですが、2016年に出た『英語長文ポラリス』がその後何年も、そして今現在も入試に十二分に対応して、受験生からは「先週受けた入試に同じものが出ました！」と言ってもらえる現状から、この本も必ずそうなるはずだと確信しております。

もはや時代が違う

昔と違うのは、英文の「テーマ」だけではありません。英文の「長さ」も違うのです。受験生の中には20年近く前の教材を使用している人も少なくありません。その教材の収録した英文が10年前の出題であれば（10年前程度ならよくあることです）、もう30年前に出題された英文で勉強していることになります。

それが即アウトではないのですが、そういった教材に慣れてしまうと、志望校の過去問を見たとき、その長さに衝撃を受けるはずです。それが高2ならまだ時間はありますが、高3だとショックや絶望感を味わうかもしれません。そうなると「自分には無理だ」と志望校を諦めてしまう可能性も高くなります。ただし「早めに過去問を見ておこう」と言っているわけではありません。早く過去問をやったところで、まったくできないので意味はありません。

大事なことは「ゴールを意識しておくこと・本当のゴールを知っておくこと」です。つまり「入試の現状」を知っておくことが大事なのです。

この本は「基礎レベル」でありながら、長い英文をいくつも収録していますし、英文自体も難しく感じられるでしょう。「ちょっとレベルと合っていないのでは」と感じる英語指導者も多いでしょうが、これが入試の現実なんです。もちろん短い英文も入試に出ますが、偏差値で言えばそこまで高くない大学も、10年前では考えられないほどの英文を出題しているのです。ですから従来のように「基礎だから」という理由

で300語程度の短文を中心に勉強することは受験生を甘やかし、そのツケは後で大きなものとなって返ってくるのです。

だからこそ過去問に入る前の長文の勉強の時点で「入試の真実」を知り、その真実を体感してほしいと思います。この本にも短い英文は採用していますが、大半は500〜600語の英文です。これが今の入試の主流の長さなのです。最初は大変ですが、合格後には「あのやり方でよかったんだ」と思ってもらえるはずです。

「ボランティア活動は腹黒い?」

▶ 高崎経済大学 (前期)

問題文は別冊p.2

語句 do more harm than good「益となるより害となる」、privileged「恵まれた」、aim to 〜「〜しようとしている」、consideration「配慮」、host「受け入れ先・宿主」、sympathy「同情」、respectable「立派な」、clue「手がかり」、likelihood「可能性」、take advantage of 〜「〜に便乗する・〜を利用する」

▶ 読解のテクニック (1)

"this[these]＋ 名詞 "という形は「前の内容をまとめる」大事な働きがあります (this[these]＋ 形容詞 ＋ 名詞 のように間に形容詞が挟まることもある)。

ということは、この形を見かけたら、「前に書いてあることを一言でまとめると、この 名詞 になるのね」と理解すると、前の内容を整理することができます。

"this[these]＋ 名詞 "を見かけたら、一度読むのを止めて、内容を整理するといいでしょう。

▶ 読解のテクニック (2)

英文の「要旨」や「タイトル」を選ぶ問題では全体の方向性を意識する必要があります。そのときにぜひやってほしいのが、「プラス0.5回読み」です。

どうしても、本文を読み終えてすぐに選択肢を見がちですが、そうすると最後の内容や印象の強い具体例に引きずられてしまいます。

そこで、すぐに選択肢を見るのではなく、本文を(もう1回とは言いませんが)「0.5回」という感じでザザッと読み直すと、英文の理解度が格段に上がり、正答率も上がります。

予習

LESSON 2 「もはや常識の『プラスチック汚染』」

▶ 成蹊大学（理工）

問題文は別冊p.6

語句 hardly「ほとんど～ない」、for all ～「～にもかかわらず」、figure「数字」、catch one's attention「～の注意を引く」、estimate「推定（する）」、dump「捨てる」、correspond to ～「～に相当する」、range「～から…まで幅がある」、endangered「絶滅の危機に瀕した」、affect「影響を与える」、abandon「捨てる」、discard「捨てる」、harm「害を与える」、bit「小片」

▶ 読解に必要な英文法

> 空所に入るのは？
> (　　) Susan's three brothers, Roger is the most talented.
> 1. Across　　　2. In　　　3. Of　　　4. Over
>
> 日本女子大

文頭の"(　　) Susan's three brothers"を文末に移動すると、Roger is the most talented (　　) Susan's three brothers. になります。こうすると途端に簡単になり、最上級（the most talented）があるので、「3人の中で」という意味のofが入ります（inはin his familyなど集合体がきたときに使う）。この副詞句of Susan's three brothersが文頭に移動したのがこの問題です。このように実際の英文では"of ～"は文頭にくることが非常に多いのです。

正解の選択肢

3. Of「スーザンの3人の兄弟のうちで、ロジャーが一番才能がある」

「1円玉はもういらない?」

▶ 宮城教育大学（前期）

問題文は別冊p.11

語句 go round「回る」、regardless of 〜「〜に関わらず」、argue「主張する」、cash「現金」、whether 〜「〜かどうか」、be reluctant to 〜「〜したがらない」、survey「調査」、conduct「実行する」、be in favor of 〜「〜に賛成して」、monetary「通貨の・貨幣の」、remain to be seen「まだわからない」、doubt「疑い」、debate「議論」

▶ 読解のテクニック（1）

多くの単語帳では、essentialは「本質的な」、significantは「意義深い」、fundamentalは「根本的な」、criticalは「批判的な」、vitalは「致命的な」といった訳語を最初に挙げます。それも間違いではありませんが、長文ではまず「重要な」と考えるようにしましょう（実際に英英辞典を引いてみると、最初の意味に"important"を載せている辞書がたくさんあるんです）。

「重要な」という意味の重要単語（形容詞編）

crucial／essential／significant／fundamental／indispensable

▶ 読解のテクニック（2）

SVOC は「Sによって、OがCする」と訳すと綺麗になります。たとえば、The news made me happy. は「そのニュースは私を嬉しくさせた」より、「そのニュースによって（を聞いて）、私は嬉しくなった」の方が自然ですね。

「自動運転の安全性」

▶ 尾道市立大学（前期）

問題文は別冊 p.14

> **語句** self-driving vehicle「自動運転車」、traffic accident「交通事故」、close to ～「～に近い・ほぼ～」、annually「毎年・年間で」、text「（メッセージを）送る」、daydream「（空想して）ぼーっとする」、fatal「命に関わる・死者を出す」、crash「衝突・事故」、suffer from ～「～に苦しむ」、replace A by B「AをBで置き換える」、be expected to ～「～する見込みだ・～することが期待されている」

▶ 読解のテクニック

provide 人 with 物 という形は有名ですが、これと同じ形をとる動詞を整理しておきましょう。どれも provide の「与える」という意味がベースになっています。

【provide 型の動詞】 基本形：V 人 with 物 「 人 に 物 を与える」

provide 人 with 物 ／ supply 人 with 物 「 人 に 物 を与える」 present 人 with 物 「 人 に 物 を与える」 fill A with B「AをBで満たす」　　※A is filled with B「AはBでいっぱいだ」 face A with B「AにBを直面させる」　※A is faced with B「AはBに直面している」 equip A with B「AにBを備え付ける」　※A is equipped with B「AはBを備えている」

21

「宇宙飛行士に障がいは関係ない!」

▶ 神奈川大学 (法・経済・経営・外国語・国際日本・人間科・理・工・建築)

問題文は別冊p.16

語句 take on 〜「〜の意味を持つ・〜を帯びる」、crew「クルー・隊員」、astronaut「宇宙飛行士」、physically「身体的に」、interrupt「遮断する・妨げる」、replace A with B「AをBに置き換える・AをやめてBにする」、realize「実現させる」、challenging「やりがいのある・困難な」、treat「治療する・扱う」、far from 〜「決して〜ではない・〜からは程遠い」、available「利用可能な・入手可能な・空いている」、launch「ロケットの打ち上げ」、orbit「軌道を回る・〜の周りを回る」、conduct「行う」、candidate「候補者」、fairly「公平に」、regardless of 〜「〜にかかわらず」

▶ 注意すべき語句

【多義語 raise　核心:上げる】

① 上げる　　② 育てる　　③ (お金を) 集める

raiseの核心は「上げる」で (Raise your hand.「手を上げて」が有名)、そこから「親が子どもの年齢を上げる」→「育てる」、「集めたお金を積み上げる」→「(お金を)集める」となりました。raise $200 million「2億ドルを集める」となります。

「課題が山積みのフードロス」

▶ 金城学院大学

問題文は別冊 p.20

語句 measure「手段・方法」、waste「廃棄物」、address「取り組む」、issue「問題」、edible「食べられる」、discard「捨てる・廃棄する」、serve「提供する」、consume「消費する」、urge「促す・求める」、ministry「省」、deal with ～「～に取り組む」、take steps to ～「～するための対策に取り組む」、take root「根付く・定着する」、wary「慎重な・用心深い」、upset「気分を害する・イライラさせる」、of late「最近」、tackle「取り組む」

▶ 重要語句

have yet to 原形 「まだ～していない」という「notを使わない否定表現」があります。have to 原形 「～しなければならない」の間にyetが入った形で、「まだ～しなければならない状態だ」→「まだ～していない」ということです。

LESSON
7

「ポテトヘッドに "Mr." はいらない!?」

▶ 武蔵大学（経済・人文・社会・国際教養）

問題文は別冊 p.26

語句 confusion「混乱」、announce「発表する」、drop A from B「AをBから除外する」、post「投稿する」、display「表示する」、confirm「確認する・正式に発表する」、expand「拡大する」、look to 〜「〜を目指す・〜しようとする」、intention「意図・目的」、applaud「称賛する・拍手を送る」、encourage「推奨する・促す」、authentic「本物の・真の」、traditional「従来の」、gender「性・ジェンダー」、norm「規範」、update「更新する・改訂する」、reflect「反映する」、come in 〜「〜の形で売られる・〜の形式がある」

▶ 背景知識

今回の英文にも出てくるLGBTQは、Lesbian「女性同性愛者」、Gay「男性同性愛者」、Bisexual「両性愛者」、Transgender「トランスジェンダー（出生時の性別と性自認が一致しない人）」、Queer「クィア（LTBTのどれにも該当しない性的マイノリティの総称）」もしくはQuestioning「クエスチョニング（性自認や恋愛対象が定まっていない人）」という意味です。

※queerはもともと「奇妙な・風変わりな」という意味で性的マイノリティに対する差別的なニュアンスで用いられていましたが、その差別的なニュアンスを逆手にとって、抵抗運動の中で同性愛者自身が使うようになりました。

▶ 重要語句

inclusiveは単語帳的には「包括的な」という意味で、「いろいろなものを含む」というイメージです。今回出てくるこの単語を「和訳」では「インクルージョンを促進するような」のように訳しました。企業活動やLGBTQの話題でこのまま使われています。「いろいろなタイプの人を包み込み、グループに含む」という感じです。

「『目は口ほどに物を言う』のは本当か？」

▶ 大妻女子大学

問題文は別冊 p.31

語句 be based on 〜「〜に基づく」、positive「肯定的な」、neutral「中立的な」、negative「否定的な」、attitude「態度」、facial expression「表情」、play a role「役割を果たす・作用する」、emotion「感情」、contradict「相反する」、apply to 〜「〜に当てはまる・〜に適用される」、matter「重要である」

▶ 注意すべき語句

mythという単語は、単語帳では「神話」と訳されることがほとんどですが（今回の長文の語句注でもそう訳されています）、ギリシア神話などが入試に出ることはほとんどありません。これは「神話・迷信」という意味で覚えてください。日本語でも「学歴神話」=「学歴があれば一生安泰という迷信」、「安全神話」=「安全だという迷信」と言いますが、これと同じ使い方・含みがmythにはあります。

そして入試の英文では「〜という迷信があるが、実際にはその迷信は間違いだ」のような流れでよく使われるのです。

「動物園は残酷!?」

▶ 金城学院大学（文・生活環境・国際情報・人間科・薬）

問題文は別冊 p.36

語句 criticize「批判する」、claim「主張する」、role「役割」、educate「教育する」、opportunity「機会」、behavior「行動」、affect「影響を及ぼす」、company「仲間」、species「種」、instinct「本能」、harm「害を及ぼす」

▶ 重要な多義語 (1)

多義語 claim　核心：「よこせよ」と叫ぶ

① 主張する　　② 要求する・自分のものと言う　　③（命を）奪う

claim は「クレームをつける」ではなく、「主張する」や「要求する」というイメージです。「自分の意思を叫ぶ」→「主張する」、「所有権を求めて叫ぶ」→「要求する・自分のものと言う」、「災害などが命を要求する」→「（命を）奪う」です。

▶ 重要な多義語 (2)

多義語 sign　核心：何かの目印・サイン

① 目印・合図　　② 兆候・症状・表れ	
③ 記号　　④ 看板　　⑤ 署名する	

sign は「肌荒れ」のようなイメージで、肌荒れは睡眠不足・疲れなどの「合図」であり「兆候」でもあり「表れ」でもあり、そして「目印」でもありますね。

「人種について5歳児に教育すべきか?」

▶ 大妻女子大学

問題文は別冊 p.42

語句 race「人種」、infant「乳児(0〜1歳くらい)」、belief「信念・考え」、associate A with B「AとBを結びつける・AでBを連想する」、discrimination「差別」、elementary school「小学校」、affect「影響する」、racism「人種差別」、matter「重要である」、address「取り組む・対処する」、bias「偏見」、comfortable -ing「〜して心地よいと感じる・〜することが苦にならない」

▶ 読解のテクニック

入試の英文では「研究結果」が挙げられることも多いのですが、実験・研究に関しては以下の表現が多用されます。

「 研究 によって sv だとわかっている」

> 研究 show that sv
>
> ※主語には「研究(者)・実験・結果・データ」など／that は省略可。

動詞は show「示す」以外に、find「発見する」、reveal「明らかにする」、report「報告する」、prove／demonstrate／confirm「証明する」、indicate「示す」、suggest「示唆する」、estimate「推定する」が頻出です。
これはもはや決まり文句と言えるほどよく使われるので、事前にチェックしておけば、読みやすさ・正確さ・スピードがまるで変わってくるのです。

解答・解説

「ボランティア活動は腹黒い?」
▶ 高崎経済大学（前期）

問題文は別冊p.2

この英文を読む意義

今回のvoluntourism「ボランツーリズム」は、旅行しながらボランティアに取り組めるという点で人気が高まっている一方、現地の人に悪影響を与える可能性があると批判されています。たとえば、先進国からアフリカにボランティア活動に来た人が現地の子にデジタルデバイスをあげた結果、周りの住民の中で妬みが生まれたというニュースもあります。「安易なボランティアへの参加」や「俺、頑張ってますアピール」は現地の人にとっては迷惑なのです。絶対に学校で教えない内容ですが、こういう英文が普通に出る、これが大学入試なのです。そんな「入試の現実を知る」ためにもぜひ読んでおきたい英文です。

ちなみに、このvoluntourismに関する長文は英検準1級でも出題されています。やはり同様に、現地への迷惑などのデメリットを伝える英文でした。

解答

1. ウ, カ, イ, オ, ア, エ （What could be wrong with kids wanting to make a difference?）
2. （1）イ　　（2）ア
3. ア, エ（順不同）　　4. イ

解説

1.

正解の英文

What could be wrong with kids wanting to make a difference?
「何か変化をもたらしたいと思う子どもに何の問題があるというのか」
▶ 空所直後にクエスチョンマークがあるので、What could be 〜? という疑問文

にします。その後はbe wrong with ～「～に関して悪い・問題がある」という熟語に注目します（withは「関連」を表す）。withの後は名詞がくるので、kids wanting to make a difference「何か変化をもたらしたいと思っている子ども」とすればOKです。分詞wanting ～ が直前のkidsを修飾しています（wantは「進行形にしない」ので、be wantingにはなりません）。

※What could be wrong with ～? は、直訳「～に関して (with ～)、何が悪い可能性がある?」→「～は一体何が悪いのだろうか?・何の問題があるのだろうか?」です。また、make a difference「違いを生み出す・変化をもたらす」も重要熟語です。

＋α　evenは反復を表す

1 -9のeven「～でさえ」という単語自体は簡単ですが、実は「反復の目印」という重要な役割があります。「ボランティアには悪い点が多い」→「新たな植民地主義と呼ぶ人さえもいる」という流れで、「ボランティアは悪い」という内容を繰り返しているわけです。

2.

(1)

正解の選択肢

イ　failure「失敗」

▶ 第2段落で「ボランティアのマイナス面」を詳しく説明し、第3段落でも「ボランツーリストは役立つための技能を持っているとは限らない」といった流れが続いています。

該当する英文は以下の構造です。

3 -3

> By sending unskilled volunteers to do complicated tasks,
>
> we { set the volunteers up for (1),
>
> and
>
> increase the likelihood that（同格のthat）their trips become 'poverty tourism'
>
> rather than（「対比」を表す）productive volunteer work.

前半の By ～ に注目すると、空所は「経験の浅いボランティアに複雑な作業をさせることによる結果」、つまりマイナスの内容になると考えられます。

さらにand以下は「生産的なボランティア活動ではなく『貧しい地域で観光する旅行』になる可能性を高める」というマイナスの内容なので、空所もマイナス内容になると考え、イ　failure「失敗」を選びます。

※set 人 up for failure「人を失敗に仕立て上げる」という熟語ですが、受験生が覚える必要はありません。文脈から答を出せれば十分です。

and 以下では A rather than B「B というよりもむしろ A・B ではなく A」という表現が使われています。こういった対比表現は解答のキーによくなります。「その前後が反対の内容だと意識する」ようにしてください。

> ☐ SV while[whereas] sv.「SV だ。その一方で sv だ」
> ☐ despite 〜・in spite of 〜「〜にもかかわらず」
> ☐ in contrast to 〜「〜とは対照的に」　☐ compared to 〜「〜と比べると」
> ☐ unlike 〜「〜とは違って」　☐ instead of 〜「〜の代わりに・〜ではなく」
> ☐ far from 〜「〜ではない」　☐ aside from 〜「〜は別として」
> ☐ rather than 〜「〜よりむしろ・〜ではなく」

不正解の選択肢

　　ア　college「大学」　　ウ　life「人生・生活」　　エ　success「成功」

（ 2 ）

正解の選択肢

　ア　brief「短い」

▶ 直前（④-4）に When volunteers stay in orphanages for <u>short periods of time</u>, children become attached to them.「ボランティアが孤児院に短期間滞在すれば、子どもたちは彼らになつきます」をヒントに、ア　brief「短い」を選びます。But these <u>brief</u> relationships don't help the child in the long term, says Richter.「しかし、こうした短い関係では、長期にわたって子どもの助けになることはないとリヒターは言う」となり、文意が通りますね。

今回の問題は these (2) relationships となっています。この "this[these]+ 名詞 " という形は「前の内容をまとめる」大事な働きがあります（今回のように間に形容詞が挟まることもある）。この働きに注目すると、直前の「ボランティアが孤児院に短期間滞在する」という内容を、these brief relationships「こうした（ボランティアと孤児の）短期間の関係」とまとめているとわかりますね。
※この "this[these]+ 名詞 " はあまり説明されないのですが、入試超頻出事項です。「予習」で「読解のテクニック (1)」として説明したので、そちらもチェックしておいてください。

不正解の選択肢

　　イ　extensive「広範囲の」　　ウ　long「長い」　　エ　permanent「永久的な」

3.

正解の選択肢

　ア　Young volunteers' ideas about the poor have been shaped by mass media.

「貧しい人々に関する若いボランティアの考え方は、マスメディアによって形成されてきた」

▶ 2 -5 に Thanks to the media, they have a mistaken idea of poverty and the lives of poor people. 「メディアのせいで、彼らは貧困や貧しい人々の暮らしについて誤解をしている」とあります。thanks to ~ 「~のおかげで・~が原因で」が皮肉っぽく使われています。

エ　According to Rafia Zakaria, it is possible that young volunteers participate in volunteering overseas because it will improve their image after they come back home.

「ラフィア・ザカリアによると、若いボランティアが海外でのボランティア活動に参加するのは、そうすることで帰国後の自分の印象が良くなるからである可能性がある」

▶ Rafia Zakaria は 2 -7 に出てきます（固有名詞は該当箇所を見つける際のヒントによくなります）。 2 -9 に The volunteers can see and touch those they are 'saving' and take evidence to support their new sense of being a caring and respectable person back home with them. 「ボランティアは、自分たちが『救っている』人々を見たり触ったりできて、思いやりにあふれた立派な人であるという新たな自己意識の裏付けとなる証拠を母国に持って帰ることができる」とあります。本文の「思いやりにあふれた立派な人であるという証拠を持ち帰る」といった具体的な内容を、正解の選択肢では improve their image 「印象を良くする」と抽象的に表しています。

不正解の選択肢

イ　These voluntourism programs are run by charity organizations.
「こういったボランツーリズムのプログラムは、慈善団体によって運営されている」

▶ charity organizations 「慈善団体」は出てきません。ちなみに、選択肢の run は「運営する」という意味の動詞です（語彙問題で問われることもある重要な多義語）。

ウ　Pippa Biddle believes that in order to succeed in voluntourism all volunteers need is to have the will to bring change.
「ピッパ・ビドルは、ボランツーリズムで成功を収めるためにボランティアに必要なのは、変化をもたらしたいという意思を持つことだけであると考えている」

▶ Pippa Biddle は 3 -2 に出てきます。 3 -2 に Wanting to create change does not necessarily mean that you have the skills to make that happen. 「変化を生み出したいと願っていても、必ずしもそれを実現させる能力が備わっているとは限りません」とあり、「変化をもたらしたいという意思だけでは不十分」とわかります。本文は not necessarily ~ 「必ずしも~というわけではない」という部分否定です。

ちなみに、選択肢後半は all {that} volunteers need is to ~ 「ボランティアが必要とするすべてのことは~・ボランティアに必要なのは~だけだ」という構造です。

オ　In reality, the economic status of the voluntourists and that of the natives are not as different as we might expect.

「実際には、ボランツーリストの経済状況と現地の人々の経済状況は、私たちが思っているほどかけ離れていない」

▶②-2に Their economic status is very different from that of the people they aim to help.「彼らの経済状況は、彼らが助けようとしている人々の経済状況とは大きくかけ離れている」とあります。「本文の内容に not を入れただけ」というよくあるひっかけの選択肢です。

4.

イ to inform readers of the dangers and reality of voluntourism

「ボランツーリズムの危険性と現実を読者に知らせるため」

▶ 第1段落「ボランツーリズムには良くない点も多い」、第2段落「理解・謙虚さ・配慮に欠けている／印象を良くするためにボランティアをしている」、第3段落「ボランティアに技術が伴っていない」、第4段落「孤児との短期間の関係は役立たない」など、ボランツーリズムのマイナス内容（問題点・危険性・現実）を論じているので、これに合うのはイです。

ちなみに、選択肢は inform 人 of 〜「人に〜を知らせる」の形です（tell 人 of 〜「人に〜を伝える」と同じ形）。この語法を意識しておかないと、readers of 〜「〜の読者」のように of 以下が readers を修飾していると誤解する可能性があるわけです。

不正解の選択肢

ア to persuade readers to get more involved in volunteering

「もっとボランティア活動に参加するよう読者を説得するため」

▶本文で言及されていません。

ウ to warn readers of the difficult living conditions of poor people

「貧しい人々の厳しい生活環境について読者に警告するため」

▶②-2などで「厳しい経済状況」に言及していますが、文章全体の目的ではありません。この選択肢の warn も inform と同じ形をとり、warn 人 of 〜「人に〜を警告する」となっています。

エ to encourage readers to learn the culture and language of the locals

「現地の文化および言語を学ぶよう読者に推奨するため」

▶②-3に Volunteers have little or no understanding of local culture, history, language, or ways of life.「ボランティアは、現地の文化、歴史、言語、生活をほとんど、あるいは全くわかっていないのだ」とありますが、文書全体を通じて「文化や言語を学ぶように奨励している」わけではありません。

構文解析

1

1 One of the hottest trends [in the travel industry] these days is
　　　　　　　 S 　　　　　　　　　　　　　　　　　　　　　　　 V

volunteer travel.
　　　 C

> 和訳 近頃の旅行業界で最も注目されている流行の1つが、ボランティア旅行である。

> 語句 hot「注目の」

2 Many "voluntourists" ― tourists [who do volunteer work (as part of a
　　　　　　 S 　　　　　　　　　 "voluntourists"の同格

tour plan)] ― are on school-organized trips.
　　　　　　　　 V

> 和訳 多くの「ボランツーリスト」(ツアー計画の一環としてボランティア活動を行う
旅行客)は、学校が手配した旅行に参加している人たちだ。

3 Others are students [using their "gap year" (to combine world travel
　　 S 　 V 　　　 C

with doing volunteer work (in developing countries))].

> 和訳 他には、「ギャップ・イヤー」を使って、世界中をまわる旅行と発展途上国での
ボランティア活動を同時に行う学生もいる。

> 語句 combine A with B「AをBと組み合わせる」

4 Their motivation is to have a personally important international
　　　 S 　　　　 V 　　　　　　　　　 C

experience (while helping local people).
　　　　　　　 副詞節中のs+be動詞の省略

> 和訳 彼らの動機は、現地の人々を助けながら、個人的に重要な国際経験を積むこと
である。

5 Sounds like a good idea, right?
　　　 V
　 会話調でItの省略

> 和訳 良さそうな考えではないか。

6 What <u>could</u> be <u>wrong</u> (with kids [wanting to make a difference])?
         V   C

    和訳 何か変化をもたらしたいと思う子どもに何の問題があるというのか。

7 But <u>some critics</u>, [many of whom were volunteers themselves], <u>have</u>
            S   V

<u>some doubts</u> [about the experience].
    O

    和訳 しかし一部の批判者は、彼らの多くも自分自身がボランティアをしていたのだが、その経験について少しばかり懐疑的である。

    語句 critic「批判者」

8 <u>They</u> <u>suggest</u> < that <u>voluntourism</u> <u>is</u> actually <u>doing</u> <u>more harm</u> (than
    S   V   O   s   v   o

good)>.

    和訳 彼らの見解では、ボランツーリズムは実際には、メリットよりもデメリットの方が大きいということだ。

    語句 do more harm than good「益となるより害となる・メリットよりデメリットが大きい」

9 <u>Some</u> <u>are even calling</u> <u>it</u> <u>the "new colonialism."</u>
    S   V   O   C

    和訳 中には、それを「新・植民地主義」と呼ぶ人さえもいる。

2

1 <u>The big problem</u>, (they say), <u>is</u> < that <u>voluntourists</u> <u>are</u> almost always
    S   V   C   s   v

<u>young people</u> [who <u>come</u> (from a privileged background)]>.
    c

    和訳 彼らによると、大きな問題は、ほとんどの場合ボランツーリストが恵まれた生まれの若者であることだ。

    語句 privileged「恵まれた」、background「生い立ち・経歴」

2 <u>Their economic status</u> <u>is</u> <u>very different</u> (from that of the people [they
    S   V   C

aim to help φ]).

> **和訳** 彼らの経済状況は、彼らが助けようとしている人々の経済状況とは大きくかけ離れている。
>
> **語句** aim to 〜 「〜しようとしている」

❸ Volunteers have little or no understanding [of local culture, history,
　　　　 S　　　 V　　 O
language, or ways of life].

> **和訳** ボランティアは、現地の文化、歴史、言語、生活をほとんど、あるいは全くわかっていないのだ。

❹ They lack true humility and consideration, and , (though they may
　　 S　 V　　　　　　 O　　　　　　　　　　　　　　　　　 s　 v
not know it themselves), they tend to look down upon their hosts.
　　　 o　　　　　　　　　 S　　 V　　　　　　　　 O

> **和訳** 彼らには真の謙虚さと配慮が欠けていて、自分ではわかっていないかもしれないが、受け入れ先の人々を下に見ている傾向があるのだ。
>
> **語句** humility「謙虚さ」、consideration「配慮」、host「受け入れ先、宿主」、look down upon 〜「〜を見下す」

❺ (Thanks to the media), they have a mistaken idea [of poverty and the
　　　　 因果表現　　　　　 S　 V　 O
lives of poor people].

> **和訳** メディアのせいで、彼らは貧困や貧しい人々の暮らしについて誤解をしている。

❻ (Coming from a wealthy country), they think <{ that }they can make
　　　　　　　　　　　　　　　　　　　 S　 V　　 O　　 s　　 v
themselves "better people" (by sharing their sympathy with the
　　 o　　　　 c
poor)>.

> **和訳** 裕福な国から来た彼らは、貧しい人々に同情を示すことによって、「より立派な人」になることができると考えている。
>
> **語句** sympathy「同情」

❼ Rafia Zakaria, (writing in the *New York Times*), says, "Volunteers are
　 S　　　　　　　　　　　　　　　　　　　　　 V　　 S　　 V

35

often led to believe < that unfortunate villages can be transformed (by
　　　　　　　　　　　 O　　S　　　　　　　　　　　V
schools [built on a two-week trip]) — that disease can be wiped out
　　　　　　　　　　　　　　　　　　　　　　　　 S　　　　　 V
(by the digging of wells (during spring break))>.

> **和訳** ラフィア・ザカリアはニューヨーク・タイムズに次のように書いている。「ボラン
> ティアは、2週間の旅行で建てられた学校によって恵まれない村が変貌しうると、
> また、春休み中の井戸掘りによって病気が全滅しうると信じさせられていること
> が多いのです。

> **語句** unfortunate「恵まれない」、transform「変貌させる」、wipe out「一掃する」、
> dig「掘る」、well「井戸」、spring break「春休み」

❽ The photo ops, the hugs [with the kids], and the meals [with the
　　　　　　　　　　　　　　　　　　　　　　　　　　S
natives] are part of this experience.
　　　　 V　　　　　　　 C

> **和訳** 写真撮影の機会、子どもたちとのハグ、そして現地の人々と一緒にいただく食
> 事はこの経験の一部です。

❾ The volunteers can see and touch those [they are 'saving' φ] and
　　　　　 S　　　　　　 V　　　　　　　　　　　　　　　　　　 O
　　　　　　　　　　　　　　　　　「人々」という意味
take evidence [to support their new sense of being a caring and
 V　　　 O
respectable person] (back home with them)."

> **和訳** ボランティアは、自分たちが『救っている』人々を見たり触ったりできて、思いや
> りにあふれた立派な人であるという新たな自己意識の裏付けとなる証拠を母国
> に持って帰ることができます」

> **語句** support「裏付ける」、sense「印象・感覚」、caring「思いやりのある」、
> respectable「立派な」

3

❶ (In fact), (however), most voluntourists don't have a clue [as to <how
　　　　　　　　　　　　　　 S　　　　　　　　　 V　　　 O
to build a school or dig a well, or how to be of any real assistance>]
(at all).

和訳 しかし実際にはほとんどのボランツーリストが、学校を建てたり井戸を掘ったりする方法や、本当に力になる方法について全くわかっていない。

語句 clue「手がかり」、as to 〜「〜について」、of assistance「役に立つ」

2 (As Pippa Biddle, a former volunteer, recently wrote (on her popular
S （Pippa Biddleの同格） V
blog)): "Wanting to create change does not necessarily mean < that
S V O
you have the skills [to make that happen]>.
s v o

和訳 かつてボランティアをしていたピッパ・ビドルは最近、自身の人気ブログで次のように書いている。「変化を生み出したいと思っていても、必ずしもそれを実現させる能力が備わっているとは限りません。

3 (By sending unskilled volunteers to do complicated tasks), we set the
S V
volunteers up for failure, and increase the likelihood < that their trips
O V O s
become 'poverty tourism' (rather than productive volunteer work)>."
v c

和訳 特別な研修を受けていないボランティアを送り込んで複雑な仕事をさせるということは、ボランティアが失敗するお膳立てをしているのと同じであって、彼らの旅行が生産的なボランティア活動というよりも『貧しい地域で観光する旅行』となる可能性を高めているのです」

語句 set 〜 up for failure「〜を失敗者に仕立て上げる・〜の失敗のお膳立てをする」、likelihood「可能性」、productive「生産的な」

4

1 (For example), many volunteers are sent (to work (in overseas
S V
orphanages)).

和訳 たとえば、多くのボランティアは海外の孤児院で働くべく送り込まれる。

2 But Linda Richter, a developmental psychologist, says <{ that } this
S （Linda Richterの同格） V O s
creates a serious problem>: "Children [in orphanages] long for
v o S V

37

affection.
　　　　O

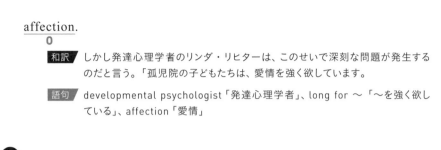

> 和訳　しかし発達心理学者のリンダ・リヒターは、このせいで深刻な問題が発生する
> のだと言う。「孤児院の子どもたちは、愛情を強く欲しています。

> 語句　developmental psychologist「発達心理学者」、long for ～「～を強く欲し
> ている」、affection「愛情」

❸ <u>They</u> <u>hang on to</u> <u>any adult</u> [who responds to them].
　　　S　　　V　　　　　O

> 和訳　彼らは、自分に反応を示してくれる大人であれば誰でもしがみつきます。

> 語句　hang on to ～「～にしがみつく」

❹ (When <u>volunteers</u> <u>stay</u> (in orphanages) (for short periods of time)),
　　　　　　　s　　　v

<u>children</u> <u>become attached</u> (to them).”
　　S　　　　V

> 和訳　ボランティアが孤児院に短期間滞在すれば、子どもたちは彼らになつきます」

> 語句　attached to ～「～になついている」

❺ But <u>these brief relationships</u> <u>don't help</u> <u>the child</u> (in the long term),
　　　　　　S　　　　　　　V　　　　O

<u>says</u> <u>Richter</u>.
　V　　S

> 和訳　しかし、こうした短期間の関係では、長期的に見れば子どもの助けになることは
> ないとリヒターは言う。

> 語句　in the long term「長期的に見て」

❻ “(When <u>the volunteer</u> <u>leaves</u>), <u>it</u> <u>becomes</u> yet another disappointment
　　　　　　s　　　　v　　　S　　V　　　　　　C

(for the child).”

> 和訳　「ボランティアが出ていくと、子どもにとってはまた新たな落胆となるのです」

> 語句　yet another「さらなる」、disappointment「失意・落胆」

5

And (as you might expect), there's one more problem: travel
　　　s　v　　　　　　　　　　　V　　　　S　　　　　　S
agencies and tour companies are actively taking advantage of the
　　　　　　　　　　　　　　　　　　　　V
voluntourism trend, (making as much money (from it) as they can).
　　　　　　　　O

和訳 そして、おわかりの通り、問題はもう1つある。旅行代理店および旅行会社は、ボランツーリズムの流行に積極的に便乗して、そこからできる限りの収益を上げているのである。

語句 actively「積極的に」、take advantage of 〜「〜に便乗する・〜を利用する」

いきなりシビアな英文でしたが、
これが最新入試の「リアル」
なんです!

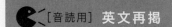
1 One of the hottest trends in the travel industry these days is volunteer travel. Many "voluntourists" — tourists who do volunteer work as part of a tour plan — are on school-organized trips. Others are students using their "gap year" to combine world travel with doing volunteer work in developing countries. Their motivation is to have a personally important international experience while helping local people. Sounds like a good idea, right? What could be wrong with kids wanting to make a difference? But some critics, many of whom were volunteers themselves, have some doubts about the experience. They suggest that voluntourism is actually doing more harm than good. Some are even calling it the "new colonialism."

2 The big problem, they say, is that voluntourists are almost always young people who come from a privileged background. Their economic status is very different from that of the people they aim to help. Volunteers have little or no understanding of local culture, history, language, or ways of life. They lack true humility and consideration, and, though they may not know it themselves, they tend to look down upon their hosts. Thanks to the media, they have a mistaken idea of poverty and the lives of poor people. Coming from a wealthy country, they think they can make themselves "better people" by sharing their sympathy with the poor. Rafia Zakaria, writing in the *New York Times*, says, "Volunteers are often led to believe that unfortunate villages can be transformed by schools built on a two-week trip — that disease can be wiped out by the digging of wells during spring break. The photo ops, the hugs with the kids, and the meals with the natives are part of this experience. The volunteers can see and touch those they are 'saving' and take evidence to support their new sense of being a caring and respectable person back home with them."

3 In fact, however, most voluntourists don't have a clue as to how to build a school or dig a well, or how to be of any real assistance at all. As Pippa Biddle, a former volunteer, recently wrote on her popular blog: "Wanting to create change does not necessarily mean that you have the skills to make that happen. By sending unskilled volunteers to do complicated tasks, we set the volunteers up for failure, and increase the likelihood that their trips become 'poverty tourism' rather than productive volunteer work."

4 For example, many volunteers are sent to work in overseas orphanages. But Linda Richter, a developmental psychologist, says this creates a serious problem: "Children in orphanages long for affection. They hang on to any adult who responds to them. When volunteers stay in orphanages for short periods of time, children become attached to them." But these brief relationships don't help the child in the long term, says Richter. "When the volunteer leaves, it becomes yet another disappointment for the child."

5 And as you might expect, there's one more problem: travel agencies and tour companies are actively taking advantage of the voluntourism trend, making as much money from it as they can.

(出典： *Everyday English* 一部改変)

全文和訳

1. 近頃の旅行業界で最も注目されている流行の1つが、ボランティア旅行である。多くの「ボランツーリスト」（ツアー計画の一環としてボランティア活動を行う旅行客）は、学校が手配した旅行に参加している人たちだ。他には、「ギャップ・イヤー」を使って、世界中をまわる旅行と発展途上国でのボランティア活動を同時に行う学生もいる。彼らの動機は、現地の人々を助けながら、個人的に重要な国際経験を積むことである。良さそうな考えではないか。何か変化をもたらしたいと思う子どもに何の問題があるというのか。しかし一部の批判者は、彼らの多くも自分自身がボランティアをしていたのだが、その経験について少しばかり懐疑的である。彼らの見解では、ボランツーリズムは実際には、メリットよりもデメリットの方が大きいということだ。中には、それを「新・植民地主義」と呼ぶ人さえもいる。

2. 彼らによると、大きな問題は、ほとんどの場合ボランツーリストが恵まれた生まれの若者であることだ。彼らの経済状況は、彼らが助けようとしている人々の経済状況とは大きくかけ離れている。ボランティアは、現地の文化、歴史、言語、生活をほとんど、あるいは全くわかっていないのだ。彼らには真の謙虚さと配慮が欠けていて、自分ではわかっていないかもしれないが、受け入れ先の人々を下に見ている傾向があるのだ。メディアのせいで、彼らは貧困や貧しい人々の暮らしについて誤解をしている。裕福な国から来た彼らは、貧しい人々に同情を示すことによって、「より立派な人」になることができると考えている。ラフィア・ザカリアはニューヨーク・タイムズに次のように書いている。「ボランティアは、2週間の旅行で建てられた学校によって恵まれない村が変貌しうると、また、春休み中の井戸掘りによって病気が全滅しうると信じさせられていることが多いのです。写真撮影の機会、子どもたちとのハグ、そして現地の人々と一緒にいただく食事はこの経験の一部です。ボランティアは、自分たちが『救っている』人々を見たり触ったりできて、思いやりにあふれた立派な人であるという新たな自己意識の裏付けとなる証拠を母国に持って帰ることができます」

3. しかし実際にはほとんどのボランツーリストが、学校を建てたり井戸を掘ったりする方法や、本当に力になる方法について全くわかっていない。かつてボランティアをしていたピッパ・ビドルは最近、自身の人気ブログで次のように書いている。「変化を生み出したいと思っていても、必ずしもそれを実現させる能力が備わっているとは限りません。特別な研修を受けていないボランティアを送り込んで複雑な仕事をさせるということは、ボランティアが失敗するお膳立てをしているのと同じであって、彼らの旅行が生産的なボランティア活動というよりも『貧しい地域で観光する旅行』となる可能性を高めているのです」

4. たとえば、多くのボランティアは海外の孤児院で働くべく送り込まれる。しかし発達心理学者のリンダ・リヒターは、このせいで深刻な問題が発生するのだと言う。「孤児院の子どもたちは、愛情を強く欲しています。彼らは、自分に反応を示してくれる大人であれば誰でもしがみつきます。ボランティアが孤児院に短期間滞在すれば、子どもたちは彼らになつきます」しかし、こうした短期間の関係では、長期的に見れば子どもの助けになることはないとリヒターは言う。「ボランティアが出ていくと、子どもにとってはまた新たな落胆となるのです」

5. そして、おわかりの通り、問題はもう1つある。旅行代理店および旅行会社は、ボランツーリズムの流行に積極的に便乗して、そこからできる限りの収益を上げているのである。

LESSON
2

「もはや常識の『プラスチック汚染』」

▶ 成蹊大学（理工）

問題文は別冊 p.6

この英文を読む意義

「プラスチック汚染」に関する英文は2019年頃から出題が急増しました。2019年に東大が出題（和文英訳）、2020年には慶應、上智、東京外国語大、青山学院大、法政大、東京医科大、鳥取大など書き切れないほど多くの大学が「プラスチックごみ」に関する長文を出題しています。2021年には共通テストでも出題されました。正直なところ「入試でのピークはそろそろ過ぎるかな」というのが僕の予想ですが、本書に採用した理由は「もはや常識と言える内容なので、基礎知識として知っておかないといけない」というものです。今後は「プラスチック汚染を前提とした長文」が出る可能性が高いのです。実際、⑤-3にあるfishing netsの話は2021年に青山学院大で、2022年は成蹊大、龍谷大の入試でも出ており、今後も関連した英文が出まくるはずです。

それに、ここで「プラスチック汚染」について知っておかないと、もはや知る機会がなくなるかもしれないのです。若い人の中には「レジ袋の有料化」や「カフェでの紙ストローへの移行」の理由がわかっていない人もいるほどです。

ちなみに今回は出てきませんが、single-use「使い捨ての」という単語は、イギリスのコリンズ英語辞典で2018年に「今年の英単語」に選ばれるほど重要なので、single-use plastic straws「プラスチック製の使い捨てストロー」もぜひ覚えておきましょう。

解答

1. （1−A) c　　（1−B) a　　（1−C) d　　（1−D) b
   （1−E) a
2. （2−A) a　　（2−B) e　　（2−C) b
3. b　4. b

解説

1.

（1－A）

正解の選択肢

c. from, to

▶ from A to B「AからBまで」という表現にします。空所前に「プラスチックは至る所に存在する／現代の生活を可能にしている」とあり、これについて from life-saving medical devices to the lightweight materials used in ～「救命医療装置から、～で使われる軽量素材にいたるまで」と具体例を挙げているわけです。このようなニュースなどの英文では、具体例を挙げるときに from A to B を使うことがよくあるので、ぜひこの文で慣れておいてください（⑤-5でも、of all sizes の後に from zooplankton to whales と使われています）。

（1－B）

正解の選択肢

a. figure「数字・値」

▶ 空所の前にある "―"（ダッシュ）は前の内容の補足・言い換えなどに使われます。直前（②-3）の a staggering 6.3 billion tons「驚異的な63億トン」が、a（　　）that stunned scientists who ～「～する科学者を仰天させた（　　）」と考え、a. figure「数字・値」を選びます。ここでの "staggering 数字" → "a figure that ～"「～な数字」という流れもニュースでよく使われます。
また、figure は重要多義語なのでしっかりチェックしておきましょう。

多義語 figure　核心：ハッキリした人影

| ① 姿 | ② 人物 | ③ 数字 | ④ 図 | ⑤ 理解する（figure out）|

「ハッキリした人の形」→「姿」、「ハッキリした人」→「人物」、さらに「ハッキリしたもの」→「数字・図」と考えればOKです。figure out は「（何の形か）ハッキリわかる」→「理解する」という意味の熟語です。

不正解の選択肢

b. waste「廃棄物」　c. plague「悩みの種」　d. decrease「減少」

（1－C）

正解の選択肢

d. Imagine「想像する」

空所には動詞が入ると考えます。c. Put だと後半の sitting の形も意味も説明がつ

きません。d. imagine を入れると、five plastic grocery bags stuffed with plastic trash が O、sitting が C と考えられるので、d. Imagine「想像する」が正解です。imagine O -ing「O が〜することを想像する」の形で、「プラスチックごみでいっぱいのレジ袋が 5 袋、〜にあると想像して」となります（sit は「（物が）ある・位置する」）。

構文 **4**-1

> 空所には動詞が入って「命令文」になると予想

$\underset{\text{V}}{\underbrace{(1-C)(\qquad)}}$ five plastic grocery bags $\underset{\text{O}}{\underbrace{\text{[stuffed with plastic trash]}}}$,

(Jambeck said), $\underset{\text{C}}{\underbrace{\text{sitting}}}$ (on every foot of coastline around the world).

挿入

実は命令文 Imagine は長文で頻出です。主張の後で「たとえばこんな場合を想像してみて」という感じで、より具体的に話をするとき使われます。他に次の思考系の動詞（考える・想像する）が命令文で使われたら、「具体例の合図」だと考えてみてください。

Think ／ Consider ／ Suppose ／ Imagine
※命令文は動詞で始まるので大文字で表記

不正解の選択肢

a. Even if 〜「たとえ〜でも」
▶従属接続詞なので、Even if sv, SV. の形にならないといけません。
b. What if 〜? で「もし〜だったらどうする？・〜したらどう？」
▶後ろには sv がきます。
c. Put「置く・述べる」

(1 − D)

正解の選択肢

b. correspond to「〜に相当する」

▶ 空所を含む文（**4**-2）の主語 That は、直前の内容「プラスチックごみでいっぱいのレジ袋が 5 袋、世界中の海岸線に 1 フィートごとにある」を指しています。これと空所の後にある about 8.8 million tons of plastic trash each year「毎年約 880 万トンのプラスチックごみ」の関係を考え、b. correspond to「〜に相当する」を選べば OK です。
correspond は「一緒に（co）反応する（respond）」→「一致する・相当する」で、correspond to 〜「〜に相当する」となります。いわば「イコール」の関係をつくり、今回は「プラスチックごみが何百万袋も海岸線にある」＝「880 万トンのプラスチックごみ」と考えられます。

不正解の選択肢

> a．cover up「隠す」　c．cut down「削減する」　d．estimate「推定する」

（1－E）

正解の選択肢

a．range「及ぶ・幅がある」

▶ 空所直後 from 450 years to never に注目して、a. range を選びます。range from A to B「AからBに及ぶ・AからBまで幅がある」という表現です。
range は名詞「幅・範囲」が有名ですが（サッカーの「シュートレンジ（シュートが打てる範囲）」で使われています）、今回の動詞「及ぶ・幅がある」もチェックしておきましょう。「幅がある」と言った上で、from A to B でその幅の範囲を示しているわけです。

不正解の選択肢

> b．build「作り上げる」
>
> c．suffer「被る」
> ▶ suffer from 〜「〜を被る・〜に苦しむ」の形が重要ですが、今回は from A to B の形で、意味も合いません。
>
> d．are thought to 〜 で「〜だと考えられている」

2.

（2－A）

正解の選択肢

a．the　（bdacfe）

英文：For all the convenience it provides

▶ 空所の後にSVが続いているので、空所は「（文構造上）なくてもOKな要素」＝「副詞のカタマリ」になると考えます。「〜ではあるものの」は for all 〜 という熟語です。前置詞の後ろには「名詞」がくるので、「それが利便性を備えるものである」→「それが提供する利便性」と考え、the convenience {that} it provides とつなげればOKです。
※この for は「交換」の用法で、for all 〜「すべての〜と交換しても」→「〜にもかかわらず・〜ではあるものの」となります。

（2－B）

正解の選択肢

e．how much　（dhegfbac）

英文：It's unclear how much unrecycled plastic waste ends up in the ocean

▶ まず「〜量がどれほどかははっきり分かっていない」から、It's unclear how much 〜 という文の骨格をつくります（Itは仮主語、how much 〜 が真主語）。「リサイクルされないプラスチック（の廃棄物）」はunrecycled plastic waste、「最終的に海にいく」はends up in the oceanです。end up in[at] 〜「（最終的に）〜に行き着く」は単語帳ではあまり強調されませんが、特に環境問題の英文でよく使われます。

※end up -ing「最終的に〜する・結局〜することになる」も一緒にチェックを。

(2 − C)

正解の選択肢

b. estimated （cabhdgfe）

英文：ocean plastic is estimated to kill millions of marine animals

▶ be estimated to 〜「〜すると推定されている」という表現がカギになります。主語はocean plastic「海にあるプラスチック」、to の後は動詞の原形killを、「何百万頭もの〜」はmillions of 〜 を使います。

3.

正解の選択肢

b. microplastics「マイクロプラスチック」

▶ 5 -5は、Marine species 〜 がS、eatがV、microplasticsがOです。この時点で文は完成しており（SVOになっていて、その後に名詞は必要ない）、(3) the bits は「余分な名詞」→「同格」と考えます。microplastics=the bits smaller 〜 ということです。

不正解の選択肢

- a. constituent molecules「構成分子」
- c. completely biodegraded plastics「完全に分解されたプラスチック」
- d. recycled plastics「リサイクルされたプラスチック」

4.

正解の選択肢

b.

▶ 2 -2 に Of the 9.2 billion tons of plastic produced during the past century, 〜, more than 6.9 billion tons have become waste.「ここ1世紀で生産された92億トンのプラスチックのうち、69億トン以上が廃棄物となっている」、2 -3 に And of that waste, a staggering 6.3 billion tons have never been recycled「そして、その廃棄物のうち、なんと63億トンが一切リサイクルされたことがないのだ」とあります。

ここでポイントになるのが、「部分のof（〜のうちの）が文頭に出た形」です。この

2文から「69億トン/92億トン（92分の69）がwaste」で、そのwasteのうち「63億トン/69億トン（69分の63）がunrecycled」とわかります。この関係を表すのがbです。

※ちょっとユニークな問題ですが、共通テストっぽいのでしっかり確認しておいてください。

不正解の選択肢

    a．このグラフは3つの事項の割合を示しています。

    c．このグラフは1960年からの時間の経緯の変化を示しています。

    d．このグラフは（aのように）3つの事項の割合を示しています。

多義語figureは
共通テストなどでも
大切！

We depend on plastic. Now we're drowning (in it).
　S　　V　　　 O 　　　　　 S 　　　 V

和訳 私たちはプラスチックに依存している。今や、私たちはプラスチックの中で溺れているのだ。

語句 drown in ～「～に溺れる・～に飲み込まれる」

1

❶ It's hard to imagine now, but (a little over a century ago), hardly
　　 仮SV　C　　 真S　　　　　　　　　　　　　　　　　　　　　 S

anyone knew <what plastic was>.
　　　　 V　　　　 O

和訳 今では想像しがたいことだが、1世紀余り前は、プラスチックが何であるかを知っている人はほとんどいなかった。

語句 a little over ～「～と少し」、hardly anyone「ほとんど誰も～ない」

❷ Today plastic is everywhere, and it makes modern life possible, (from
　　　　 S　　 V　　　　　　　　　　 S　　 V　　　 O　　　 C

life-saving medical devices to the lightweight materials [used in our

cars, computers, phones, spaceships, shopping bags, and on and on]).

和訳 今日プラスチックは、救命医療装置から、私たちの自動車やコンピューター、電話機、宇宙船、レジ袋などに使われている軽量素材にいたるまで、いたるところに存在しており、現代の生活を可能にしている。

語句 life-saving「救命の」、medical device「医療機器」、lightweight material「軽量素材」、spaceship「宇宙船」、shopping bag「レジ袋」

2

❶ (For all the convenience [it provides φ]), plastic has become a plague
　　　　　　　　　　　　　　　　　　　　　　　　 S　　　 V　　　 C

[on the environment — particularly our oceans, Earth's last drainage

our oceansの同格

sinks].

和訳 プラスチックは、利便性を備えるものではあるものの、環境にとって悩みの種となっている。特に影響を受けているのは、地球において排水の最終的な掃きだ

48

めである海である。

> 語句 / for all ～「～にもかかわらず」、plague「悩みの種」、drainage「排水」、sink「掃きだめ」

② (Of the 9.2 billion tons of plastic [produced during the past century, [most of it since the 1960s]]), more than 6.9 billion tons have become
　　　　　　　　　　　　　　　　　　　　　　　　　　　　　　　S　　　　　　　　　V
waste.
　C

> 和訳 / ほとんどは1960年代以降だが、ここ1世紀で生産された92億トンのプラスチックのうち、69億トン以上が廃棄物となっている。

③ And (of that waste), a staggering 6.3 billion tons have never been
　　　　　　　　　　　　　　S　　　　　　　　　　　　　　　　V
recycled — a figure [that stunned scientists [who crunched the numbers (in 2017)]].

> 和訳 / そして、その廃棄物のうち、なんと63億トンが一切リサイクルされたことがないのだ。この値は、2017年にその数字をはじき出した科学者たちを仰天させた。
> 語句 / figure「数字」、stun「仰天させる」、crunch「計算する」

3

① It's unclear <how much unrecycled plastic waste ends up (in the
　　仮SV　　C　　　真S　　　　　　　　　　　s　　　　　　　V
ocean)>.

> 和訳 / リサイクルされないプラスチックが最終的に海に流れる量がどれほどかははっきりわかっていない。
> 語句 / end up in ～「最終的に～に行き着く」

② (In 2015), Jenna Jambeck, a University of Georgia engineering
　　　　　　　　　S　　　　　　　　　　　　　　　　　　　Jenna Jambeckの同格
professor, caught everyone's attention (with a rough estimate): 5.3
　　　　　　V　　　O
million to 14 million tons of plastic each year, just from coastal

regions.

> 和訳 2015年、ジョージア大学で工学の教授を務めるジェナ・ジャンベックは、おおまかな推定で皆の注目を集めた。それは、沿岸地域からだけでも、毎年530万〜1400万トンのプラスチックが海に流れ込んでいるというものだった。

> 語句 catch one's attention「〜の注意を引く」、rough「おおまかな」、estimate「推定（する）」、coastal region「沿岸地域」

3 <u>Most of it</u> <u>is dumped</u> carelessly (on land or in rivers), (mostly in
     S   V

Asia).

> 和訳 そのほとんどは、主にアジアにおいて、陸や川にぞんざいに捨てられるものだ。

> 語句 dump「捨てる」、carelessly「ぞんざいに」

4 Then, (Jambeck said), <u>it's</u> <u>blown or washed</u> (into the sea).
                              S   V

> 和訳 それがその後、吹き飛ばされたり押し流されたりして海に流れ込むのだと、ジャンベックは述べた。

> 語句 blow「吹き飛ばす」、wash「押し流す」

4

1 <u>Imagine</u> <u>five plastic grocery bags</u> [stuffed with plastic trash],
    V   O

(Jambeck said), <u>sitting (on every foot of coastline [around the world])</u>.
                                C

> 和訳 プラスチックごみでいっぱいのレジ袋が、世界中の海岸線に1フィート（12インチ／約30cm）ごとに5袋あることを想像してみてほしいとジャンベックは述べた。

> 語句 grocery bag「買い物袋」、stuffed with 〜「〜でいっぱいの」、coastline「海岸線」

2 <u>That</u> <u>would correspond to</u> <u>about 8.8 million tons of plastic trash each</u>
   S   V   O

<u>year</u>.

> 和訳 そうすると、年間約880万トンのプラスチックごみに相当するだろう。

> 語句 correspond to 〜「〜に相当する」

③ It's unclear <how long it will take for that plastic to completely
　仮S V　　C　　　　真S　　　仮s　　v　（to 不定詞の意味上のS）　真s

biodegrade (into its constituent molecules)>.

> 和訳　そのプラスチックが完全に分解して構成分子になるまでにどれほどの時間がか
> かるかは不明である。

> 語句　constituent molecule「構成分子」

④ Estimates range from 450 years to never.
　　　S　　　V

> 和訳　その推定は、450年というものから、永遠に分解されないというものまで、さま
> ざまである。

> 語句　range「～から…まで幅がある」

5

① (Meanwhile), ocean plastic is estimated to kill millions of marine
　　　　　　　　　　　S　　　　　　V　　　　　　　O

animals every year.

> 和訳　なお、海中のプラスチックは毎年何百万頭もの海産動物を殺すと推定されてい
> る。

> 語句　marine「海の」

② Nearly 700 species, (including endangered ones), have been affected
　　　　S　　　　　　　　　　　　　　　　　　　　　　　　V

(by it).

> 和訳　絶滅危惧種を含めて700種近くが、その被害に遭ってきている。

> 語句　endangered「絶滅の危機に瀕した」、affect「影響を与える」

③ Some are strangled (by abandoned fishing nets or discarded six-pack
　　　S　　V

rings).

> 和訳　中には、捨てられた漁網や飲料缶の6缶入りパックのリングによって窒息死す
> るものもいる。

> 語句　strangle「窒息死させる」、abandon「捨てる」、discard「捨てる」、six-pack

ring「飲料缶の６缶入りパックのリング」

④ <u>Many more</u> <u>are probably harmed</u> invisibly.
　　　　S　　　　　　　　V

　　和訳　さらに多くは、おそらく目に見えない形で被害に遭っている。

　　語句　harm「害を与える」、invisibly「目に見えない形で」

⑤ <u>Marine species of all sizes</u>, [from zooplankton to whales], now <u>eat</u>
　　　　　　　　　S　　　　　　　　　　　　　　　　　　　　　　　　　　V

<u>microplastics</u>, the bits smaller than one-fifth of an inch across.
　　O　　　　　（microplastics の同格）

　　和訳　今では、動物プランクトンからクジラまで、あらゆる大きさの海洋生物が、マイクロプラスチックという直径0.2インチ未満の小片を飲み込んでいるのだ。

　　語句　zooplankton「動物プランクトン」、microplastics「マイクロプラスチック」、bit「小片」、across「直径」

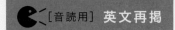
We depend on plastic. Now we're drowning in it.

1 It's hard to imagine now, but a little over a century ago, hardly anyone knew what plastic was. Today plastic is everywhere, and it makes modern life possible, from life-saving medical devices to the lightweight materials used in our cars, computers, phones, spaceships, shopping bags, and on and on.

2 For all the convenience it provides, plastic has become a plague on the environment — particularly our oceans, Earth's last drainage sinks. Of the 9.2 billion tons of plastic produced during the past century, most of it since the 1960s, more than 6.9 billion tons have become waste. And of that waste, a staggering 6.3 billion tons have never been recycled — a figure that stunned scientists who crunched the numbers in 2017.

3 It's unclear how much unrecycled plastic waste ends up in the ocean. In 2015, Jenna Jambeck, a University of Georgia engineering professor, caught everyone's attention with a rough estimate: 5.3 million to 14 million tons of plastic each year, just from coastal regions. Most of it is dumped carelessly on land or in rivers, mostly in Asia. Then, Jambeck said, it's blown or washed into the sea.

4 Imagine five plastic grocery bags stuffed with plastic trash, Jambeck said, sitting on every foot of coastline around the world. That would correspond to about 8.8 million tons of plastic trash each year. It's unclear how long it will take for that plastic to completely biodegrade into its constituent molecules. Estimates range from 450 years to never.

5 Meanwhile, ocean plastic is estimated to kill millions of marine animals every year. Nearly 700 species, including endangered ones, have been affected by it. Some are strangled by abandoned fishing nets or discarded six-pack rings. Many more are probably harmed invisibly. Marine species of all sizes, from zooplankton to whales, now eat microplastics, the bits smaller than one-fifth of an inch across.

(Adapted from Parker, L. "*We depend on plastic. Now we're drowning in it*," National Geographic, June, 2017, https://www.nationalgeographic.com/, Retrieved on June 5th, 2018.)

私たちはプラスチックに依存している。今や、私たちはプラスチックの中で溺れているのだ。

1 今では想像しがたいことだが、1世紀余り前は、プラスチックが何であるかを知っている人はほとんどいなかった。今日プラスチックは、救命医療装置から、私たちの自動車やコンピューター、電話機、宇宙船、レジ袋などに使われている軽量素材にいたるまで、いたるところに存在しており、現代の生活を可能にしている。

2 プラスチックは、利便性を備えるものではあるものの、環境にとって悩みの種となっている。特に影響を受けているのは、地球において排水の最終的な掃きだめである海である。ほとんどは1960年代以降だが、ここ1世紀で生産された92億トンのプラスチックのうち、69億トン以上が廃棄物となっている。そして、その廃棄物のうち、なんと63億トンが一切リサイクルされたことがないのだ。この値は、2017年にその数字をはじき出した科学者たちを仰天させた。

3 リサイクルされないプラスチックが最終的に海に流れる量がどれほどかははっきりわかっていない。2015年、ジョージア大学で工学の教授を務めるジェナ・ジャンベックは、おおまかな推定で皆の注目を集めた。それは、沿岸地域からだけでも、毎年530万〜1400万トンのプラスチックが海に流れ込んでいるというものだった。そのほとんどは、主にアジアにおいて、陸や川にぞんざいに捨てられるものだ。それがその後、吹き飛ばされたり押し流されたりして海に流れ込むのだと、ジャンベックは述べた。

4 プラスチックごみでいっぱいのレジ袋が、世界中の海岸線に1フィート（12インチ／約30cm）ごとに5袋あることを想像してみてほしいとジャンベックは述べた。そうすると、年間約880万トンのプラスチックごみに相当するだろう。そのプラスチックが完全に分解して構成分子になるまでにどれほどの時間がかかるかは不明である。その推定は、450年というものから、永遠に分解されないというものまで、さまざまである。

5 なお、海中のプラスチックは毎年何百万頭もの海産動物を殺すと推定されている。絶滅危惧種を含めて700種近くが、その被害に遭ってきている。中には、捨てられた漁網や飲料缶の6缶入りパックのリングによって窒息死するものもいる。さらに多くは、おそらく目に見えない形で被害に遭っている。今では、動物プランクトンからクジラまで、あらゆる大きさの海洋生物が、マイクロプラスチックという直径0.2インチ未満の小片を飲み込んでいるのだ。

解答・解説

「1円玉はもういらない？」

▶ 宮城教育大学（前期）

問題文は別冊 p.11

この英文を読む意義

1円玉を普通に見かける日本にいると、今回の英文に出てきた海外の「切り捨て・切り上げ」を知って驚いたかもしれません。僕自身も海外のスーパーで買い物をするとき、わずかなおつりを当然のように渡さなかったり、受け取ろうとしなかったりする店員に違和感がありました。

さて、今回は「キャッシュレス化」から入り、「1セント硬貨の生産」についての英文ですが、「キャッシュレス」と聞くと、世間は「ポイントがつく」といったことばかりになりがちです。みなさんはこの英文を通して、「現金の製造コストが高い」「お金に触らないので衛生的」などの視点も押さえてください。さらに今回の英文にはない、「現金は犯罪・脱税に使われやすい（キャッシュレスの方がお金の流れを特定しやすい）」といった意見も重要です。

すでにこういったテーマは入試に出ていて、長文だけでなく自由英作文でも重要です（たとえば大阪大で「キャッシュレス社会の利点・問題点」に関する自由英作文が出題済み）。さらには今後も「コロナ終息後に変わったもの・習慣」というテーマでの出題が増えるでしょう。

解答

問1. お金で幸せは買うことができないと言われているが、とは言え、お金のおかげで世の中はまわっているのである。お金に関してどう思おうが、私たちの日常生活にとってお金が重要ではないと言い張るのは難しいだろう。

問2. 米国の通貨制度からペニーをなくすことを推進する団体が成功するかどうかは、まだわからない。しかし日本を含めた世界中の他の多くの国々で近い将来、同じ議論を目にするだろう。

55

問1.

構文 1 -4

> It is said < that money cannot buy happiness>, but (at the same time),
> 仮S　V 　　　　真S 　　　 s 　　 v 　　　 o
>
> money makes the world go round.
> 　 S 　　 V 　　　 O 　　　 C

▶ It is said that ～

前半はIt is said that ～「～と言われている」の形で、that節の中にmoney cannot buy happinessがきています。直訳「お金は幸せを買うことができない」はさすがに不自然なので、「お金で幸せは買えない」と意訳しましょう。It is saidの範囲（「～と言われている」に含まれる内容）はここまでです。

▶ make OC

at the same timeは厳密には「同時に」→「その一方で・そうは言っても」という意味ですが、入試では直訳「（そう言われているのと）同時に」でも許容範囲でしょう。その後ろはmake OC「OにCさせる」の形です。money makes the world go round「お金が世界を動かす」は直訳でも変ではありませんが、せっかくなので「お金で世界が動く」とできればベストです（the worldは「世界」でも「世の中」でもOK）。go roundは「周りを行く」→「回る・動く」と考えればOKです。
※SVOCは「Sによって、OがCする」と訳すと綺麗になります。

構文 1 -5

> (Regardless of <how you feel about money>), it would be hard <to
> 　　　　　　　　　　 s 　　 v 　　　　　　　　 仮S 　　　 V C 　真S
>
> argue < that it is not essential (for our daily lives)>>.
> 　　　 s 　 v 　　 c 「重要な」を意味する形容詞

▶ regardless ofの後に名詞がくる

regardless of ～「～にかかわらず」は前置詞のカタマリで、後ろにhow you feel about money「お金についてどう思うか」という名詞のカタマリが続きます。文法的に言えば「howが名詞節をつくる」のです。

▶ 主節は仮主語構文

it would be hard to ～「～するのは難しいだろう」は仮主語を使った形です。wouldは「推量（～だろう）」です。真主語であるto ～ にはargue that ～「～と主張する」が使われています。
そしてthat節中は、it (=money) is not essential for our daily lives「私たちの

日常生活にとってお金が必要不可欠ではない (重要ではない)」となります。
※essentialを「重要だ」と訳せることについては「予習」(20ページ)を見てください。

➕α V that 〜 の形を利用した必殺技

V that 〜 の形をとる動詞は「認識・伝達系」の意味になるのが基本です (例: think that 〜／say that 〜 など)。これを逆手にとれば、知らない動詞でも"V that 〜"の形なら「思う・言う」と考えれば意味が予測できてしまうのです。今回もargue that 〜 の形に注目すれば、argueの意味を知らなかったり、「議論する」と不自然な訳を当てはめてしまったりしても、「お金は重要ではないと言う (思う) のは難しいだろう」と訳せます (「言う」なら減点なし、「思う」で少し減点かもしれませんが十分に得点をもらえるはずです)。

問2.

構文 5-1

> < Whether the groups [pushing for the penny's disappearance [from
>   S   s
> the U.S. monetary system]] will be successful or not> remains to be
>   v   c   V
> seen.

▶ 長いSを把握する

Whether 〜 or not「〜するかどうか」が名詞節をつくり、Sになっています。全体はWhether 〜 or not remains to be seen「〜するかどうかはまだわからない」です。remain to be p.p. は直訳「これから〜される (to be p.p.) まま残っている (remain)」→「まだ〜されていない」という否定表現です (remain to be seen「まだわからない」の形でよく出てきます)。

▶ Whether 節の中

Whetherがつくる名詞節の中では、the groups pushing for 〜「〜を推進する団体」が主語です (the groupsをpushing for 〜 が後ろから修飾)。
the penny's disappearance from 〜 は直訳「〜からのペニーの消失」ですが、disappearanceのように「動詞から派生した名詞 (元の動詞はdisappear「消える」)」は動詞っぽく「消えること・なくすこと」と訳すと自然になります。ここでは「〜からペニーをなくすこと (ペニーが消えること)」です。

構文 5-2

> But there is no doubt < that the same debate will be seen (in the near
>   V   S   s   v
> future) (in many other countries around the world, (including Japan))>.
>
> including 〜 → 具体例!

▶ 同格の that

there is no doubt that 〜「〜することに疑いの余地はない・〜することは間違いない」です。この that は「同格」で、doubt の説明をします。直訳は「〜するという疑い（doubt that 〜）はない」です。

また、that 節中の the same debate will be seen という受動態をそのまま訳して「同じ議論が見られる」でも OK ですが、「同じ議論が行われる」や、能動態で「同じ議論を目にすることになる」とするとより自然になります。

最後の in many other countries around the world, including Japan は「日本を含め世界中の数多くの国で」となります。including「〜を含めて」は、もともと include「含む」が分詞構文になったものですが、もはや「前置詞」として扱われています。

発展として、including は「具体例」を示す役割があるので、「世界中の数多くの国で、たとえば日本で」と訳すことも可能ですが、入試ではそこまで考えず、「〜を含めて」で十分です。

※「日本も例外じゃないんだぞ」と警告っぽく締めくくっているわけです（これもそこまで和訳に反映させる必要はありませんが参考までに）。

構文解析

1

1 Money.

> 和訳 お金。

2 Some say <{ that } it is the root of all evil>.
S   V   O   s v   c

> 和訳 それは諸悪の根源だと言う人もいる。

> 語句 root「根源」、evil「悪」

3 Others spend every minute of every day (thinking about ways [to get
S   V   O
（spend 時間 -ing「時間を～して過ごす」）
themselves a little bit more]).

> 和訳 毎日の一瞬一瞬を、少しでも多く手に入れるための方法を考えて過ごしている
> 人もいる。

4 It is said <that money cannot buy happiness>, but (at the same time),
仮S V   真S   s   v   o
money makes the world go round.
S   V   O   C

> 和訳 お金で幸せは買うことができないと言われているが、それと同時に、お金のおか
> げで世の中はまわっているのである。

> 語句 go round「回る」

5 (Regardless of <how you feel about money>), it would be hard <to
S   v   仮S V   C 真S
argue <that it is not essential (for our daily lives)>>.
s v   C
（「重要な」を意味する形容詞）

> 和訳 お金に関してどう思おうが、私たちの日常生活にとってお金が重要ではないと
> 言い張るのは難しいだろう。

> 語句 regardless of ～「～に関わらず」、argue「主張する」、essential「不可欠な・
> 重要な」

6 [Yet], money is changing.
　　　　　　S　　　V

> 和訳 しかし、お金は変化しつつある。

7 More [and] more societies are moving (towards becoming cashless) [and]
　　　　　　　　　　S　　　　　　　　　V

<the way [we use money today]> may be completely different (from
　　　S　　　s　v　　o　　　　　V　　　　　　C

<[how] we use it tomorrow>).
　　　　 s　v　o

> 和訳 ますます多くの社会がキャッシュレス化に向かっており、今日のお金の使い方は、
> 明日のお金の使い方とは全く異なるかもしれない。

> 語句 move towards ～「～に向かって進む」、cashless「キャッシュレスの・現金
> 不要の・現金のない」、completely「全く・完全に」

8 (As part of the move [towards a society [that does not handle cash]]),

there have been discussions (in the United States) [about < [whether] or
　　　　V　　　　　　S

not the penny — the one-cent coin — should be eliminated>].
　　　 s　　　　　　　　　　　　　　　　　　 v

> 和訳 現金を扱わない社会への移行の一環として、アメリカ合衆国では、ペニーと呼
> ばれる1セント硬貨を廃止すべきかどうかの議論が行われている。

> 語句 handle「扱う」、cash「現金」、whether or not ～「～かどうかに関わらず」、
> penny「ペニー（1セント硬貨の別称）」、cent「セント」、eliminate「廃止する」

2

1 U.S. lawmakers have tried (repeatedly) to eliminate one-cent coins (in
　　　　S　　　　　V　　　　　　　　　　　　　O

recent years), [but] the penny remains a stubborn — [and] often annoying
　　　　　　　　　　　 S　　　V

— part of American life.
　　 C

> 和訳 アメリカの議員たちは近年再三にわたり、1セント硬貨の廃止を試みているが、
> ペニーはしぶとく、そしてしばしば迷惑なものとして、アメリカ人の生活の一部
> として残っている。

> 語句 lawmaker「議員」、repeatedly「たびたび・再三にわたり」、stubborn「頑固な・
> しぶとい」、annoying「迷惑な」

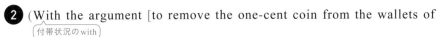

❷ (With the argument [to remove the one-cent coin from the wallets of
　　　付帯状況のwith
American people] strengthening, especially over the past two years
　　　　　　　　　　　　　　with O CのC
[as we see an increase in the number of people [who are reluctant to
touch cash]]), many believe <{ that } the penny's days are finally
　　　　　　　　　　　　S　　V　　　　O　　　　s　　　　　　V
numbered>.

> 和訳 アメリカ人の財布から1セント硬貨を排除しようという主張が強まっており、特にここ2年間は現金を触りたがらない人が増えている様子が見受けられる。そのため、ついにペニーが間もなく廃止されると考えている人々が多い。

> 語句 argument「主張」、strengthen「強まる」、be reluctant to ～「～したがらない」、|物|'s days are numbered.「|物|の余命が数えられるほど（短い）」

❸ (In a survey [conducted by the global payments company Rapyd]), it
　　　　　　　　　　　　　　　　　　　　　　　　　　　　　　　　仮S
was found < that more than half of American citizens do not want to
　V　　　　真S　　　　　　　　　　　　　s　　　　　　　　　　V
touch cash and 45% are in favor of the abolishment of the penny>.
　　O　　　　　s　　V　　　　　　　O

> 和訳 世界的な決済会社であるRapydが実施した調査において、アメリカ国民の過半数が現金を触りたくないと思っており、45パーセントがペニーの廃止に賛成であることが判明した。

> 語句 survey「調査」、conduct「実行する」、payment「支払い・決済」、citizen「国民」、be in favor of ～「～に賛成して」、abolishment「廃止」

3

❶ Another strong case [for the discontinuation of the penny] is the
　　　　　　　　　　　S　　　　　　　　　　　　　　　　　　V
expense of making these coins.
　　C

> 和訳 ペニー廃止を裏付けるもう1つの有力な理由は、それらの硬貨を製造するのにかかる費用だ。

> 語句 case「証拠」、discontinuation「中止」、expense「費用」

❷ It is said < that (in 2018), the U.S. Mint, the place [where money is
　　仮S　V　　　真S　　　　　　　s　　　　the U.S. Mintの同格

61

produced in the United States], lost around $69 million (just through

making pennies)>.
        V   O

> **和訳** 2018年、米国でお金が製造されている場所である米国造幣局は、ペニーの製造だけで約6,900万ドルの赤字を出したと言われている。

③ It is reported < that it costs the Mint two cents to produce each one-
仮S   V   真S   仮s V   O   O   真s

cent coin>.

> **和訳** 造幣局が1セント硬貨を1枚作るのに、2セントかかるそうだ。
> **語句** it is reported that ～ 「～と言われている」、cost 人 金 「人 に 金 がかかる」

④ This is due to the high costs of copper and zinc: the materials
S V [因果表現]   C   [copper and zinc の同格]

[required to make pennies].

> **和訳** これは、ペニーを作るのに必要な材料である銅と亜鉛の原価が高いからである。
> **語句** copper「銅」、zinc「亜鉛」、material「材料」

⑤ And the losses are expected to increase (further) (in coming years).
       S   V
> **和訳** そしてその赤字は、今後さらに拡大していくと見込まれている。

4

① The one-cent coin has already been eliminated (from the monetary
      S   V

systems of many countries).

> **和訳** 1セント硬貨はすでに、多くの国々の貨幣制度から外されている。
> **語句** monetary「通貨の・貨幣の」

② Canada, (for example), ceased using one-cent coins (in 2012) and now
   S   V   O

the lowest denomination is the five-cent coin.
          S   V   C

和訳 たとえばカナダは、2012年に1セント硬貨の流通を停止、現在の最小単位は5セント硬貨である。

語句 cease「止める」、denomination「(貨幣などの)単位名・(証券などの)額面金額」

3 (In the early 1990s), Australia and New Zealand stopped producing
　　　　　　　　　　　　　　　　　　S　　　　　　　　　　　　V
one- and two-cent coins.
　　　　　　　O

和訳 1990年代初頭には、オーストラリアとニュージーランドが1セント硬貨および2セント硬貨の製造を中止した。

4 (Although it is still legal to use these coins), there are few
　　　　　　　　仮s　v　　　　　c　　　真s　　　　　　　　　　V
opportunities, (as prices of items [in stores] are always rounded up or
　　S　　　　　　　　s　　　　　　　　　　　　　v
rounded down (to the nearest five- or ten-cent cost).

和訳 これらの硬貨を使うことはいまだに合法だが、店頭で販売されている商品の価格がいつも、5セント単位あるいは10セント単位の金額になるように四捨五入されるので、使う機会はほとんど訪れない。

語句 legal「合法的な」、round up or round down to the nearest 単位「単位に四捨五入する」

5 (So) (when you are shopping), any total cost [that finishes with one
　　　　　　　　s　　v　　　　　　　　　　　　　S
or two] will be rounded down (to zero).
　　　　　　　V

和訳 つまり、買い物をしていて、合計額が1や2で終わる場合には切り捨てられて0になる。

語句 round down「切り捨てる」

6 (If the total cost finishes in three, four, six, or seven), it will be
　　　　　s　　　　　　v　　　　　　　　　　　　　　　S
automatically rounded (to the nearest five).
　　　　V

和訳 合計額が3, 4, 6, 7で終わる場合には、自動的に四捨五入されて5になる。

語句 automatically「自動的に」

❼ (In the case [when the last digit is eight or nine]), the cost goes up (to
　　　　　　　　　　　　　　 s　　　　v　　c　　　　　　　　　　 S　　　 V

the next ten).

> **和訳** 最後の桁が8または9の場合には、次の10の位まで金額が上がる。
>
> **語句** digit「数字・桁」、go up to ～「～まで上がる」

5

❶ < Whether the groups [pushing for the penny's disappearance [from
　　　　　S　　　　　　　　　　 s

the U.S. monetary system]] will be successful or not> remains to be
　　　　　　　　　　　　　　　　　 v　　　 c　　　　　　　 V

seen.

> **和訳** 米国の通貨制度からペニーをなくすことを推進する団体が成功するかどうかは、
> まだわからない。
>
> **語句** remain to be seen「まだわからない」（厳密にはremainがV、to ～ がC）

❷ But there is no doubt < that the same debate will be seen (in the near
　　　　　　　 V　　 S　　　　　　　　　　 s　　　　　　 v

future) (in many other countries around the world, (including
　　　　　　　　　　　　　　　　　　　　　　　　　　　　　 [including ～ → 具体例！]

Japan))>.

> **和訳** しかし日本を含めた世界中の他の多くの国々で近い将来、同じ議論を目にする
> だろう。
>
> **語句** there is no doubt that ～「～であることは間違いない・～であることに疑い
> の余地はない」、debate「議論」

❸ What do you think (about the one-yen coin)?
　　　　　　 S　　 V

> **和訳** 読者の皆さんは1円硬貨についてどう思うだろうか。

❹ Is it essential (for our daily lives)?
　　 V　S　　 C　[「重要な」を意味する形容詞]

> **和訳** 私たちの日々の生活にとって不可欠なものだろうか。

5 Or should <u>we</u> <u>follow</u> the lead of other countries and <u>say</u> <u>sayonara</u> (to
            S   **V**   **O**   **V**   **O**

our little friend)?
      ⌐1円玉のこと⌐

> **和訳** それとも他の国々に倣って、私たちの小さな友にサヨナラを告げるべきだろうか。

> **語句** follow the lead of 〜 「〜に倣う・〜の後を追う」

> 海外旅行するときは、
> スーパーに行ってみるのも
> おもしろい。
> 今回の英文みたいな経験が
> できるかも。

65

1 Money. Some say it is the root of all evil. Others spend every minute of every day thinking about ways to get themselves a little bit more. It is said that money cannot buy happiness, but at the same time, money makes the world go round. Regardless of how you feel about money, it would be hard to argue that it is not essential for our daily lives. Yet, money is changing. More and more societies are moving towards becoming cashless and the way we use money today may be completely different from how we use it tomorrow. As part of the move towards a society that does not handle cash, there have been discussions in the United States about whether or not the penny — the one-cent coin — should be eliminated.

2 U.S. lawmakers have tried repeatedly to eliminate one-cent coins in recent years, but the penny remains a stubborn — and often annoying — part of American life. With the argument to remove the one-cent coin from the wallets of American people strengthening, especially over the past two years as we see an increase in the number of people who are reluctant to touch cash, many believe the penny's days are finally numbered. In a survey conducted by the global payments company Rapyd, it was found that more than half of American citizens do not want to touch cash and 45% are in favor of the abolishment of the penny.

3 Another strong case for the discontinuation of the penny is the expense of making these coins. It is said that in 2018, the U.S. Mint, the place where money is produced in the United States, lost around $69 million just through making pennies. It is reported that it costs the Mint two cents to produce each one-cent coin. This is due to the high costs of copper and zinc: the materials required to make pennies. And the losses are expected to increase further in coming years.

4 The one-cent coin has already been eliminated from the monetary systems of many countries. Canada, for example, ceased using one-cent coins in 2012 and now the lowest denomination is the five-cent coin. In the early 1990s, Australia and New Zealand stopped producing one- and two-cent coins. Although it is still legal to use these coins, there are few opportunities, as prices of items in stores are always rounded up or rounded down to the nearest five- or ten-cent cost. So when you are shopping, any total cost that finishes with one or two will be rounded down to zero. If the total cost finishes in three, four, six, or seven, it will be automatically rounded to the nearest five. In the case when the last digit is eight or nine, the cost goes up to the next ten.

5 Whether the groups pushing for the penny's disappearance from the U.S. monetary system will be successful or not remains to be seen. But there is no doubt that the same debate will be seen in the near future in many other countries around the world, including Japan. What do you think about the one-yen coin? Is it essential for our daily lives? Or should we follow the lead of other countries and say sayonara to our little friend?

(Roberts, J. J. (2020). Will the Pandemic Kill the Penny? *Fortune*. https://fortune.com/2020/08/14/us-coins-penny-coronavirus-pandemic-one-cent-coin/ を参考にして作成)

全文和訳

1 お金。それは諸悪の根源だと言う人もいる。毎日の一瞬一瞬を、少しでも多く手に入れるための方法を考えて過ごしている人もいる。(1)お金で幸せは買うことができないと言われているが、それと同時に、お金のおかげで世の中はまわっているのである。お金に関してどう思おうが、私たちの日常生活にとってお金が重要ではないと言い張るのは難しいだろう。しかし、お金は変化しつつある。ますます多くの社会がキャッシュレス化に向かっており、今日のお金の使い方は、明日のお金の使い方とはまったく異なるかもしれない。現金を扱わない社会への移行の一環として、アメリカ合衆国では、ペニーと呼ばれる1セント硬貨を廃止すべきかどうかの議論が行われている。

2 アメリカの議員たちは近年再三にわたり、1セント硬貨の廃止を試みているが、ペニーはしぶとく、そしてしばしば迷惑なものとして、アメリカ人の生活の一部として残っている。アメリカ人の財布から1セント硬貨を排除しようという主張が強まっており、特にここ2年間は現金を触りたがらない人が増えている様子が見受けられる。そのため、ついにペニーが間もなく廃止されると考えている人々が多い。世界的な決済会社であるRapydが実施した調査において、アメリカ国民の過半数が現金を触りたくないと思っており、45パーセントがペニーの廃止に賛成であることが判明した。

3 ペニー廃止を裏付けるもう1つの有力な理由は、それらの硬貨を製造するのにかかる費用だ。2018年、米国でお金が製造されている場所である米国造幣局は、ペニーの製造だけで約6,900万ドルの赤字を出したと言われている。造幣局が1セント硬貨を1枚作るのに、2セントかかるそうだ。これは、ペニーを作るのに必要な材料である銅と亜鉛の原価が高いからである。そしてその赤字は、今後さらに拡大していくと見込まれている。

4 1セント硬貨はすでに、多くの国々の貨幣制度から外されている。たとえばカナダは、2012年に1セント硬貨の流通を停止し、現在の最小単位は5セント硬貨である。1990年代初頭には、オーストラリアとニュージーランドが1セント硬貨および2セント硬貨の製造を中止した。これらの硬貨を使うことはいまだに合法だが、店頭で販売されている商品の価格がいつも、5セント単位あるいは10セント単位の金額になるように四捨五入されるので、使う機会はほとんど訪れない。つまり、買い物をしていて、合計額が1や2で終わる場合には切り捨てられて0になる。合計額が3, 4, 6, 7で終わる場合には、自動的に四捨五入されて5になる。最後の桁が8または9の場合には、次の10の位まで金額が上がる。

5 (2)米国の通貨制度からペニーをなくすことを推進する団体が成功するかどうかは、まだわからない。しかし日本を含めた世界中の他の多くの国々で近い将来、同じ議論を目にするだろう。読者の皆さんは1円硬貨についてどう思うだろうか。私たちの日々の生活にとって不可欠なものだろうか。それとも他の国々に倣って、私たちの小さな友にサヨナラを告げるべきだろうか。

LESSON
4

「自動運転の安全性」

▶ 尾道市立大学（前期）

問題文は別冊p.14

この英文を読む意義

もはや「自動運転」は入試の超頻出テーマなので、今回の英文に出てくるself-driving vehicles「自動運転車」は単語帳には載っていなくても高校生なら必須表現です。

難関大ほど自動運転の問題点などの発展的内容を出すのですが（すでに慶應や明治学院などで出題済み）、みなさんはまず自動運転の基本である「安全性」に関する英文を読んでみてください。常識的なことであっても入試の英文となるとわからないところも出てくるので、この英文で基本的な内容を完璧に読めるようにしておきましょう。

解答

問1 1. (c) 2. (d) 3. (a) 4. (b) 5. (d)
6. (b) 7. (c)

問2 今日、年間125万人近くの人々が交通事故で亡くなっている。

解説

問1

1.

正解の選択肢

(c) provide「もたらす」

▶ 空所の後ろ" 人 with 物 "の形をとり、かつ文意が通るのは (c) provide です。provide 人 with 物「人 に 物 を与える」の形で、Self-driving vehicles could provide people with much better transportation services「自動運転車が、人々にはるかに便利な交通サービスを与える／自動運転車によって、はるか

に便利な交通サービスが人々にもたらされる」となります。

不正解の選択肢

> (a) fill「満たす」 ※fill A with B「AをBで満たす」
>
> (b) mix「混ぜる」 ※mix A with B「AとBを混ぜる」
>
> (d) exchange「交換する」 ※exchange 物 with 人「物 を 人 と交換する」

2.

正解の選択肢

(d) caused「引き起こされる」

▶ be caused by 〜「〜によって引き起こされる」の形になります。動詞 cause は "原因 cause 結果" という関係をつくり、この受動態が "結果 is caused by 原因" です。

More than 90 percent of these accidents「交通事故の90%以上」が「結果」で、very human errors「人間のミス」が「原因」です。

※ちなみに、these accidents は "these+名詞" の形で、前の内容をまとめて「人間が亡くなってしまう交通事故」を表しています。

不正解の選択肢

> (a) said「言われる」 (b) advised「忠告される」
>
> (c) attracted「引き付けられる」

3.

正解の選択肢

(a) attention「注意」

▶ daydreaming instead of paying (3) to the road から、daydreaming「ぼーっとすること」と対比される内容になると考え、pay attention to 〜「〜に注意を払う」という表現にします。

A instead of B「Bの代わりにA・BではなくてA」は大事な「対比」表現でしたね（30ページ）。

不正解の選択肢

> (b) bills「(請求書の)支払い」 (c) fines「罰金」 (d) money「お金」

4.

正解の選択肢

(b) estimated「推定した」

▶ 空所の後ろは、in 2012 が修飾語句ですが、その後に that 〜 とあるので、SV that 〜 の形だと考えます。後ろに that 節をとり、かつ文意に合うのは (b) estimated「推定した・見積もった」です。

不正解の選択肢

    (a) focused「焦点を合わせた」   (c) imagined「想像した」
    (d) remembered「思い出した」

5.

正解の選択肢

(d) never「決して〜ない」

▶ 空所の後にあるanyに注目してください。これとセットになり、かつ文意に合うのは、否定を表す(d)never「決して〜ない」です。
ちなみにthese thingsは直前にある「死亡事故の原因（アルコールの過剰摂取・スピード違反・運転手の注意散漫）」をまとめています。

不正解の選択肢

    (a) soon「すぐに」   (b) often「よく」   (c) surely「確実に」

6.

正解の選択肢

(b) inevitable「避けられない」

▶ 英文(2-3)はThough sv, and though sv, SV.「svだけれども、かつ、svだけれども、SVだ」という形になっています。1つめのthough節は「マイナスの内容（suffer from their own problems and limitations）」で、2つめのthough節に空所があるので、ここも「マイナス内容」になると予想します。(b)inevitable「避けられない」を選び、「いくつかの事故は避けられない」とします。
ちなみに、主節(SV)は「プラス内容（コンピューターに替えることで事故が減る）」となります。

不正解の選択肢

    (a) necessary「必要な」   (c) useful「有益な」   (d) exciting「面白い」

7.

正解の選択肢

(c) likely「〜しそう」

▶ be likely to 〜「〜しそうだ・〜する可能性が高い」という表現にすればOKです。
2-4にIn other words「言い換えると」とあるので、その直前「人間をコンピューターに替えれば事故が減る」と同じ意味になると考えます。

不正解の選択肢

- (a) discouraged「がっかりした・勧められない」
- (b) used「使われた」
- (d) dangerous「危険な」

問2

構文 [1]-2

> Today close to 1.25 million people are killed annually
>   S   V
> (in traffic accidents).

▶ 和訳問題は、まずは構文をしっかり考えてください。主語はclose to 1.25 million people「125万人近く」です。close to ～ は「～に近い・ほぼ～」という意味で、数字の前に置いてnearlyの働きをします（このclose toの使い方は問題集で強調されることがないのですが今後の入試では注意しておいてください）。

be killed in traffic accidents「交通事故で殺されている」→「交通事故で亡くなっている」です（受動態を無理やり「～される」と訳す必要はありません）。

その間にある副詞annuallyは「毎年・1年間で・年に1度」といった意味で、これも強調されませんが、超重要単語です（グラフやイベントの告知でも使われます）。

1

❶ Self-driving vehicles could provide people with much better
     S   V   O

transportation services, and (in particular) reduce mortality (from
                                                 V   O

traffic accidents).

> **和訳** 自動運転車によって、はるかに便利な交通サービスが人々にもたらされ、特に、交通事故による死亡者数が減る可能性がある。

> **語句** self-driving「自動運転の」、vehicle「車・乗り物」、transportation「交通」、traffic accident「交通事故」

❷ (Today) close to 1.25 million people are killed (annually) (in traffic
                           S   V

accidents) (twice the number killed by war, crime, and terrorism

combined).

> **和訳** 今日、年間125万人近くの人々が交通事故で亡くなっている（戦争、犯罪、テロによる死亡者数をすべて合わせた数の2倍である）。

> **語句** close to ～「～に近い・ほぼ～」、annually「毎年・年間で」、A and B combined「AとBをすべて組み合わせて」

❸ More than 90 percent of these accidents are caused (by very human
                     S   V

errors): somebody [drinking alcohol and driving], somebody [texting

a message (while driving)], somebody [falling asleep (at the wheel)],
              （副詞節中のs+be動詞の省略）
somebody [daydreaming (instead of paying attention to the road)].

> **和訳** そういった事故の90パーセント以上が、ほかならぬ人間ならではの過失によって起こっているのだ。その内容は、飲酒運転をしていた人、運転中にメッセージを打っていた人、居眠り運転をしていた人、道路に注意を払わず（空想して）ぼーっとしていた人などだ。

> **語句** drink alcohol and drive「飲酒運転をする」、text「（メッセージを）送る」、fall asleep at the wheel「居眠り運転をする・運転中に居眠りをする」、

daydream「(空想して)ぼーっとする」、pay attention to ～「～に注意を払う」

2

❶ The National Highway Traffic Safety Administration estimated (in
　　　　　　　　　　　　　　　　　　　　　　　　　　S　　　　　　　　　　V
2012) <that 31 percent of fatal crashes [in the United States] involved
　　　　　　O　　　　　　　　s　　　　　　　　　　　　　　　　　v
alcohol abuse, 30 percent involved speeding, and 21 percent involved
　　o　　　　　　　　s　　　　　v　　　o　　　　　　　s　　　　　v
distracted drivers>.
　　　o

> **和訳** 全米高速道路交通安全委員会は2012年に、米国内の死亡事故の31パーセントにアルコール過剰摂取、30パーセントにスピード違反、21パーセントに運転手の注意散漫が関わっていると推定した。

> **語句** estimate「推定する・見積もる」、fatal「命に関わる・死者を出す」、crash「衝突・事故」、abuse「中毒・乱用」、speeding「スピード違反」

❷ Self-driving vehicles will never do any of these things.
　　　　　S　　　　　　　　V　　　　　　　O

> **和訳** 自動運転車は決して、それらのうち何一つもやらないだろう。

❸ (Though they suffer from their own problems and limitations), and
　　　　　　　s　　　v　　　　　　　　　O
(though some accidents are inevitable), replacing all human drivers
　　　　　　s　　　　v　　c　　　　　　　　S
(by computers) is expected to reduce deaths and injuries [on the road]
　　　　　　　　　　　V　　　　　　　　O
(by about 90 percent).

> **和訳** それ自体の不具合や制限によって困ることはあるし、中には避けられない事故もあるが、人間の運転手をすべてコンピューターに替えることによって、道路上での死亡者数および負傷者数は約90パーセント減る見込みだ。

> **語句** suffer from ～「～に苦しむ」、limitation「制限・限界」、inevitable「避けられない」、replace A by B「AをBで置き換える」、be expected to ～「～する見込みだ・～することが期待されている」

❹ (In other words), switching to autonomous vehicles is likely to save
　　　　　　　　　　　　　　S　　　　　　　　　　　V

the lives of one million people (every year).
              O

和訳 つまり、自動運転車に切り替えることで、年間100万人の命が救われることになりそうだ。

語句 switch to 〜「〜に切り替える」、autonomous「自律性の・自動の」

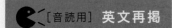

((リスニング04)) 音声を聞いて、意味を思い浮かべなが
ら長文を読んでみましょう。

1 Self-driving vehicles could provide people with much better transportation services, and in particular reduce mortality from traffic accidents. Today close to 1.25 million people are killed annually in traffic accidents (twice the number killed by war, crime, and terrorism combined). More than 90 percent of these accidents are caused by very human errors: somebody drinking alcohol and driving, somebody texting a message while driving, somebody falling asleep at the wheel, somebody daydreaming instead of paying attention to the road.

2 The National Highway Traffic Safety Administration estimated in 2012 that 31 percent of fatal crashes in the United States involved alcohol abuse, 30 percent involved speeding, and 21 percent involved distracted drivers. Self-driving vehicles will never do any of these things. Though they suffer from their own problems and limitations, and though some accidents are inevitable, replacing all human drivers by computers is expected to reduce deaths and injuries on the road by about 90 percent. In other words, switching to autonomous vehicles is likely to save the lives of one million people every year.

(Yuval Noah Harari, *21 Lessons for the 21st Century*, 2018 (adapted))

1 自動運転車によって、はるかに便利な交通サービスが人々にもたらされ、特に、交通事故による死亡者数が減る可能性がある。今日、年間125万人近くの人々が交通事故で亡くなっている（戦争、犯罪、テロによる死亡者数をすべて合わせた数の2倍である）。そういった事故の90パーセント以上が、ほかならぬ人間ならではの過失によって起こっているのだ。その内容は、飲酒運転をしていた人、運転中にメッセージを打っていた人、居眠り運転をしていた人、道路に注意を払わず（空想して）ぼーっとしていた人などだ。

2 全米高速道路交通安全委員会は2012年に、米国内の死亡事故の31パーセントにアルコール過剰摂取、30パーセントにスピード違反、21パーセントに運転手の注意散漫が関わっていると推定した。自動運転車は決して、それらのうち何一つもやらないだろう。それ自体の不具合や制限によって困ることはあるし、中には避けられない事故もあるが、人間の運転手をすべてコンピューターに替えることによって、道路上での死亡者数および負傷者数は約90パーセント減る見込みだ。つまり、自動運転車に切り替えることで、年間100万人の命が救われることになりそうだ。

解答・解説

「宇宙飛行士に障がいは関係ない!」

▶ 神奈川大学(法・経済・経営・外国語・国際日本・人間科・理・工・建築)

| 問題文は別冊 p.16 |

✦ この英文を読む意義 ✦

「宇宙×障がい×男女」という頻出テーマが組み合わさった英文です。どれも今後も注目度が非常に高いテーマです。また、単語帳では強調されない・載っていない単語もしっかりチェックできます。

まず「宇宙」に関してですが、「火星への到達」や「宇宙のゴミ問題」が頻出で、海外のニュースでよく取り上げられています。そろそろ下火になるかと思いきや、今回出てきたSpaceX(共同創設者イーロン・マスク)やBlue Origin(創設者ジェフ・ベゾス)などの活躍や取り組みで、当分は入試頻出テーマのままでしょう。高いお金をかけて宇宙へ行く理由の1つに、「将来、宇宙で物を作れば、地球内に有害物質を発生させない」という壮大な希望もあるのです。

また、launch「(名詞)ロケットの打ち上げ・(動詞)打ち上げる」、orbit「軌道を回る」などの単語は超重要ですが、世間では強調されていません。そういった語句も学べる英文です。

次に「障がい」について。今回はdisability「障がい」に注がついていますが、これは必須単語なので必ず覚えておきましょう。

最後に「男女・ジェンダー・LGBTQ」もすでに世間で話題になっていますよね。今後の入試でもより出題が増えるでしょう。今回の英文ではあまり強調されていませんが「女性が宇宙に行った」という点でも、今回の英文は重要です。すでに「NASAで活躍する女性」(関西大)や「女性パイロットはパイロット不足の危機を救えるか?」(共通テストの試行調査)といった英文も出ています。

解答

問1 1. b 2. c 3. a 4. d 5. b

問1

1.

Why did Hayley Arceneaux want to be an astronaut?
「アルセノーはどうして宇宙飛行士になりたかったのか」

正解の選択肢

b. She was inspired after seeing a training center.

「訓練所を見て触発されたから」

▶ ③-1 に Arceneaux's ambition for space began two decades ago, following a visit to the NASA Space Center during a family vacation.「アルセノーの宇宙への夢は、20年前に、家族旅行でNASA宇宙センターを訪れたところから始まった」、③-2にI got to see where the astronauts trained and of course wanted to be an astronaut after that「宇宙飛行士が訓練しているところを見学できて、当然その後、宇宙飛行士になりたいと思ったのです」とあります。

不正解の選択肢

a. Her parents advised her to train as an astronaut.
「宇宙飛行士としての訓練を受けるよう両親にアドバイスされたから」
▶③-1にa family vacationとはありますが、「親が助言した」とは言っていません。

c. Her physical illness forced her to think about life.
「体の病気によって、人生について考えることを余儀なくされたから」
▶④-4 に As a result, she began thinking about a different mission, one that was just as challenging and fulfilling.「その結果彼女は、宇宙飛行士に負けないくらいのやりがいと充実感がある、別の使命 [目標] について考えるようになった」とあります。「病気のせいで宇宙飛行士の夢はあきらめ、別の夢を探した」という内容です。設問の「宇宙飛行士になりたかった理由」とは違います。

d. She wanted to overcome her new health challenges.
「新たな健康面の問題を乗り越えたかったから」
▶「健康面の問題を乗り越えたかったからという理由で（宇宙飛行士を目指した）」とは書いてありません。

2.

What interfered with Arceneaux's dream of becoming an astronaut?
「宇宙飛行士になるというアルセノーの夢は何によって妨げられたか」

正解の選択肢

c. Doctors found a serious health condition in her body.

「医師によって彼女の体に深刻な病状が見つかったこと」

▶ 設問のinterfere with 〜 「〜を妨げる」から、「宇宙飛行士になる夢を妨げたもの」が問われています。3-3にHowever, the young girl's dreams were interrupted a year later when doctors found a type of bone cancer in her left leg.「しかし、その1年後、医師が彼女の左脚に骨肉腫の一種を発見し、少女の夢は遮断された」とあります。

本文のa type of bone cancer in her left leg「彼女の左脚の骨肉腫の一種」が、選択肢ではa serious health condition in her body「彼女の体の深刻な病状」と広く言い換えられています。「本文の具体的な内容を、選択肢で広い言葉で表す」のはよくあるパターンです。他の選択肢は、すべて本文で言及されていません。

不正解の選択肢

a. Doctors told her that she would never walk again.
「もう二度と歩けるようにならないと医師に言われたこと」

b. She broke one of her legs in a bad training accident.
「訓練中のひどい事故で片脚を骨折したこと」

d. She realized that space travel would make her sick.
「宇宙飛行をしたら自分は気持ち悪くなると気づいたこと」

3.

What brought Arceneaux back to her dream of going to space?
「アルセノーは何によって宇宙に行くという夢を取り戻したか」

正解の選択肢

a. She received an invitation from someone raising funds for cancer patients.
「がん患者のための資金調達をしている人から招待を受けた」

▶ 5-2〜4にOn January 5, 2021, she got a surprise call from Jared Isaacman, the chief executive officer (CEO) of a successful payment processing company. He asked her if she would like to go to space. Arceneaux answered immediately, "Yes, yes, absolutely!"「2021年1月5日、成功を収めた決済処理会社の最高経営責任者（CEO）を務めるジャレッド・アイザックマンから彼女に、突然の電話があった。彼は彼女に、宇宙に行きたいですかと尋ねた。アルセノーは『ええ、ええ、もちろんです！』と即答した」とあります。病気で宇宙飛行士の夢をあきらめていたArceneauxは「Isaacmanからの招待を受けて再び宇宙飛行士を目指した」とわかります。

そしてIsaacmanについて、7-4・5にThis person will be someone who is part of Isaacman's campaign to raise $200 million for a cancer hospital that treats children for free. Isaacman has already contributed half of the amount himself.「この枠は、アイザックマンが始めた、子どもの治療を無償

で行う小児がん施設のために2億ドルの寄付を集めるキャンペーンの参加者から選ばれる予定だ。アイザックマンはすでに、その半分の額を自ら寄付している」とあります。つまり、Arceneaux が再び宇宙飛行士を目指したきっかけは「Isaacman（＝小児がん施設に寄付を集める人）からの招待を受けたこと」だとわかります。

不正解の選択肢

b．She stayed motivated by working with doctors and nurses.
「医師や看護師と一緒に働くことでモチベーションを保ち続けた」
▶ 4 -3 に Given NASA's strict medical requirements, Arceneaux believed that she might never realize her dream of becoming an astronaut. 「NASAの求める医学的要件が厳しいことを考慮すると、宇宙飛行士になるという夢が叶うことは一生ないかもしれないとアルセノーは思った」とあり、そのときは宇宙飛行士の夢をあきらめたわけです（その後も「別の目標を探した」などと続く）。「ずっと宇宙飛行士になるモチベーションが高かった」わけではありません。

c．She saw an announcement about the SpaceX Inspiration4 on the news.
「スペースXインスピレーション4に関する発表をニュースで見た」
▶ 6 -2 に When SpaceX announced the world's first all-commercial astronaut mission, the thirty-seven-year-old business professional instantly booked the available four seats. 「スペースXが、民間人だけで宇宙飛行をするという世界初のミッションを発表したとき、この37歳の実業家は即座に、入手可能な4席を予約した」とありますが、これはIsaacmanに関する説明です。

d．She felt strong after her treatment and took some classes.
「治療後は元気になり、いくつかの講義を受けた」
▶本文に「がんの転移を食い止めることができた」とはありますが、特に「講義を受けた」という記述はありません。

4.

What is true about Jared Isaacman and the Inspiration4 mission?
「ジャレッド・アイザックマンおよびインスピレーション4のミッションについて正しいものはどれか」

正解の選択肢

d．He and the ship's crew must perform some valuable tasks while in space.
「彼と宇宙船のクルーは、宇宙にいる間にいくつかの重要な任務を遂行する必要がある」

▶ 8 -4 に The astronauts will spend their time in space conducting important scientific experiments. 「クルーは宇宙で、重要な科学実験を行って時を過ごすことになる」とあるので、これに対応するdが正解です。spend 時間 -ing「〜するのに 時間 を費やす」の形です（ 時間 に their time in spaceがきている）。

本文と選択肢で、the astronauts「宇宙飛行士たち」→ He and the ship's crew「彼と宇宙船のクルー」、conduct「行う」→ perform「行う・遂行する」、important scientific experiments「重要な科学実験」→ some valuable tasks「いくつかの重要な任務」と言い換えられています。

+α 副詞節内での"s+be"の省略

選択肢のwhile in spaceでは、while {they are} in spaceという省略が起きています。they=he and the ship's crewです。

従属接続詞の後ろにはsvが続くのが基本ですが、以下の条件を同時に満たすときだけ省略できます（もちろん省略しなくてもOK）。

> ① "副詞節内のs = 主節のS"のとき
> ② 副詞節内の動詞がbe動詞のとき　※主節の動詞は何でもOK（省略しないので）。

+α performの正しい意味

「パフォーマンス」と聞くと、何か派手な芸を浮かべがちですが、本来performは「完全に行う」という意味です（perはperfectの意味）。名詞形performanceも「遂行」といった意味が基本なのです。今回はperformが本来の「行う・遂行する」の意味で使われ、本文のconduct「行う」に対応していましたね。

不正解の選択肢

a. He needed to sell three of the seats to help pay for the expensive mission.
「彼はミッションにかかる高額な費用の足しにするため、座席のうち3つを売らなければならなかった」
▶7-1に Isaacman will be the pilot of the space mission and is giving the other three seats to people who have demonstrated certain positive characteristics. 「アイザックマンはこの宇宙飛行ミッションの司令官を務める予定で、残り3席分の枠を、プラスの影響をもたらす特定の属性を示した人たちに提供することにしている」とあります。選択肢の「ミッションにかかる高額な費用の足しにする」といった内容は書かれていません（むしろIsaacmanは寄付をしています）。

b. He has to train very hard so that his passengers can simply relax and enjoy the flight.
「乗客がただリラックスしてフライトを楽しめるよう、彼は猛特訓しなくてはならない」
▶8-1に Prior to the mission launch, the Inspiration4 crew will undergo intense training for space flight and learn how to prepare for emergencies. 「ミッションの打ち上げに先立って、インスピレーション4のクルーは宇宙飛行に向けたハードな訓練を受け、非常事態への備え方を教わる」とあります。「訓練する」という内容はOKですが、選択肢の「乗客がリラックスしてフライトを楽しむ」という目的がアウトです。

c. He was an astronaut before, but the mission is his first chance to go to space.
「彼はかつて宇宙飛行士だったが、今回のミッションが、彼が宇宙に行く初めての機会である」
▶5-2に Jared Isaacman, the chief executive officer (CEO) of a successful payment processing company 「成功を収めた決済処理会社の最高経営責任者（CEO）を

務めるジャレッド・アイザックマン」、6-1にAs an enthusiastic jet pilot, Isaacman had always hoped for a chance to go to space.「アイザックマンはジェット機の操縦に情熱を注いでおり、宇宙に行く機会をずっと待ち望んでいた」とありますが、選択肢の「Isaacman はかつて宇宙飛行士だった」という内容は書かれていません。

5.

What is the European Space Agency's position when considering a person who wants to become an astronaut?

「宇宙飛行士になりたいと思っている人を評価する際の、欧州宇宙機関の立場はどれか」

正解の選択肢

b. Astronaut candidates must be assessed without prejudice.

「宇宙飛行士志願者は、偏見なしに評価されなくてはならない」

▶ 9-2 に On February 19, 2021, the European Space Agency（ESA）announced a plan to consider all astronaut candidates fairly, regardless of their race, gender, and, most importantly, physical limitations. 「2021年2月19日、欧州宇宙機関（ESA）は、人種、性別、そして最も重要なことに身体的制約にかかわらず、すべての宇宙飛行士志願者を公平に評価する計画を発表した」とあります。

本文のconsider「考慮する・評価する」が、選択肢ではassess「評価する」に言い換えられています。また、本文のfairly「公平に」やregardless of ～「～にかかわらず」が、選択肢ではwithout prejudice「偏見なしに」と表されているわけです。また、本文は能動態、選択肢は受動態になっています（「能動 ⇔ 受動」の言い換えは頻出）。

不正解の選択肢

a. The ESA can hire only the most physically fit astronauts.

「ESAはきわめて健康体である宇宙飛行士しか採用できない」

▶本文と真逆の方向性です。ちなみに選択肢にonly「～だけ」があるときは、「本当にそれだけ？／他にもあるのでは？」とツッコミを入れてみると正解・不正解を判別しやすくなります。

c. The ESA will train any woman who wants to become an astronaut.

「ESAは宇宙飛行士を志望しているすべての女性に対して訓練を行うつもりだ」

▶本文はあくまで「偏見なしで全員を公平に評価する」という話で、「宇宙飛行士になりたい女性全員を訓練する」とは書かれていません。

d. Astronauts with a disability will receive preferred consideration.

「障がいを持った宇宙飛行士は優遇される」

▶本文はあくまで「公平に評価する」だけで、receive preferred consideration「優遇される」わけではありません。

構文解析

1

❶ The phrase "shoot for the stars" has just taken on a very personal
　　　　　　S　　　　　　　　　　　　　　V　　　　　　　　　　O
meaning (for Hayley Arceneaux).

> **和訳** "shoot for the stars（大志を抱く）"という言い回しは、ヘイリー・アルセノー
> にとって非常に個人的な意味を持つようになっていた。

> **語句** phrase「語句・表現・言い回し」、shoot for the stars「大志を抱く・高望み
> をする」、take on ～「～の意味を持つ・～を帯びる」

> ※shoot for the starsという熟語は、実現可能性の低いことについて「大志を
> 抱く・高望みをする」といった意味で使われます。本文ではこのイディオムと、
> 文字通り「星を目指す（宇宙に行く）」といった意味がかけられています。

❷ (On February 22, 2021), she was selected (as one of four crew
　　　　　　　　　　　　　　　　　S　　　V
members of the SpaceX Inspiration4) — the world's first mission
　　　　　　　　　　　　　　　　　　　　[SpaceX Inspiration4の同格]
[involving ordinary citizens (as its astronauts)].

> **和訳** 2021年2月22日、彼女は、民間人が宇宙飛行士として参加する世界初の宇宙
> 飛行である、スペースXインスピレーション4のクルー4人のうち1人に選ばれた。

> **語句** crew「クルー・隊員」、mission「宇宙飛行・ミッション・使命・目標」、
> ordinary citizen「一般市民」、astronaut「宇宙飛行士」

❸ The twenty-nine-year-old will make further history (as the youngest
　　　[Hayley Arceneauxのこと]　S　　　V　　　　　O
American — and the first [with an artificial limb] — [to travel into
space]).

> **和訳** 29歳の彼女は、宇宙飛行する最年少のアメリカ人として、また、義肢を装着し
> て宇宙飛行をする初めての人類として、歴史にさらなる足跡を残すだろう。

> **語句** make history「歴史に足跡を残す・歴史的偉業を成し遂げる」、artificial
> limb「義肢」

> ※文法的にはthe first {American}ですが、そのまま訳すと「アメリカ人以外
> にはすでにいるの？」と思われるため、「（世界初の）人類」と訳しています（実
> 際に世界初です）。

2

❶ "(Until this mission), I could have never been an astronaut,"
　　　　　　　　　　　　S　　　　　V　　　　　　　　　　　C
Arceneaux said.
　　S　　　　V

> 和訳 「このミッションまでは、私が宇宙飛行士になることは不可能だったでしょう」と
> アルセノーは言った。

❷ This mission is opening space travel (to people [who are not
　　S　　　　　　V　　　　O
physically perfect]).”

> 和訳 「このミッションでは、身体機能が完全ではない人々にも宇宙飛行の門戸が開
> かれています」
>
> 語句 physically「身体的に」

3

❶ Arceneaux's ambition [for space] began (two decades ago), (following
　　　　　　　　　　　　　　　　S　　　　　V
a visit to the NASA Space Center [during a family vacation]).

> 和訳 アルセノーの宇宙への夢は、20年前に、家族旅行でNASA宇宙センターを訪
> れたところから始まった。
>
> 語句 ambition「大志・野望・夢」、following「〜を受けて・〜に続いて」

❷ "I got to see <{the place} [where the astronauts trained]> and (of
　　S　V　　　　　　　O　　　　　　　　　　　　　s　　　　v
course) wanted to be an astronaut (after that),” she recalled.
　　　　　V　　　　　C　　　　　　　　　　　　　S　　V

> 和訳 「宇宙飛行士が訓練しているところを見学できて、当然その後、宇宙飛行士に
> なりたいと思ったのです」と彼女は振り返った。
>
> 語句 get to 〜「〜できる機会を得る」、recall「振り返る」

❸ (However), the young girl's dreams were interrupted a year later
　　　　　　　　　　　　S　　　　　　　　　V
(when doctors found a type of bone cancer (in her left leg)).
　　　　s　　　　v　　　　o

84

和訳 しかし、その１年後、医師が彼女の左脚に骨肉腫の一種を発見し、少女の夢は遮断された。

語句 interrupt「遮断する・妨げる」、cancer「がん・悪性腫瘍」

4

① (Fortunately), the disease was detected (early).
　　　　　　　　　　　　　 S　　　　 V

和訳 幸いにも、その病気は早期発見であった。

語句 fortunately「幸運なことに」、disease「病気」、detect「発見する・気づく」

② Doctors were able to stop the cancer's spread (through treatment and
　　　S　　　　 V　　　　　　　　 O

by replacing the diseased bones [in her leg] with metal supports).

和訳 医師たちは、治療と、がんに侵された脚の骨を金属製の補助装置に置き換えることによって、がんの転移を食い止めることができた。

語句 spread「広がり」、treatment「治療」、replace A with B「A を B に置き換える・A をやめて B にする」、diseased「病気の・罹患した」、metal「金属製の」、support「補助」

③ (Given NASA's strict medical requirements), Arceneaux believed
　　　　　　　　　　　　　　　　　　　　　　　　　　　 S　　　　 V

< that she might never realize her dream of becoming an astronaut>.
　 O　 s　　　　　 v　　　　　　 o

和訳 NASA の求める医学的要件が厳しいことを考慮すると、宇宙飛行士になるという夢が叶うことは一生ないかもしれないとアルセノーは思った。

語句 given ～「～を考慮すると」、medical「医学の」、requirement「要件」、realize「実現させる」

④ (As a result), she began thinking about a different mission, one [that
　　　　　　　　　 S　 V　　　 O
　　　　　　　　　　　　　　　　　　　　　　　　(mission の同格)

was just as challenging and fulfilling].
　　　　　　　　　　　　　　(as ～が省略されて「宇宙旅行士になるのと同じ」と考える)

和訳 その結果彼女は、宇宙飛行士に負けないくらいのやりがいと充実感がある、別の使命について考えるようになった。

語句 challenging「やりがいのある・困難な」、fulfilling「充実した」

❺ <u>She</u> <u>hoped to work</u> (with young cancer patients [at the hospital [where
S   V

she had been treated]]).

> **和訳** 彼女は自分が治療を受けた病院で、若いがん患者の治療に携わる仕事をしたいと考えた。

> **語句** work with 〜「〜を扱う仕事をする」、patient「患者」、treat「治療する・扱う」

5

❶ Yet <u>Arceneaux's dream of going to space</u> <u>was</u> far from over.
S   V

> **和訳** しかし、宇宙に行くというアルセノーの夢は決して終わってはいなかった。

> **語句** far from 〜「決して〜ではない・〜からは程遠い」

❷ (On January 5, 2021), <u>she</u> <u>got</u> <u>a surprise call</u> (from Jared Isaacman,
S   V   O

the chief executive officer (CEO) of a successful payment processing

(Jared Isaacman の同格)

company).

> **和訳** 2021年1月5日、成功を収めた決済処理会社の最高経営責任者（CEO）を務めるジャレッド・アイザックマンから彼女に、突然の電話があった。

> **語句** chief executive officer「最高経営責任者」、successful「成功を収めた」、payment processing「決済処理」

❸ <u>He</u> <u>asked</u> <u>her</u> <<u>if</u> <u>she</u> <u>would like to go</u> to space>.
S   V   O   O s   v

> **和訳** 彼は彼女に、宇宙に行きたいですかと尋ねた。

> **語句** ask 人 if 〜「〜かどうか 人 に尋ねる」

❹ <u>Arceneaux</u> <u>answered</u> immediately, "Yes, yes, absolutely!"
S   V

> **和訳** アルセノーは「ええ、ええ、もちろんです！」と即答した。

> **語句** immediately「すぐに」、absolutely「完全に・もちろん・ものすごく」

6

❶ (As an enthusiastic jet pilot), Isaacman had always hoped for a chance
　　　　　　　　　　　　　　　　　S　　　　　　　V　　　　　　　　O

[to go to space].

> 和訳 アイザックマンはジェット機の操縦に情熱を注いでおり、宇宙に行く機会をずっ
> と待ち望んでいた。

> 語句 enthusiastic「熱心な」、jet pilot「ジェット機の操縦士」、chance「機会」

❷ (When SpaceX announced the world's first all-commercial astronaut
　　　　　　S　　　V　　　　　　O

mission), the thirty-seven-year-old business professional (instantly)
　　　　　　　　　　　　　　　S
　　　　　　　　　　　　　　　　　　　　　　Isaacmanのこと

booked the available four seats.
　V　　　　O

> 和訳 スペースXが、民間人だけで宇宙飛行をするという世界初のミッションを発表
> したとき、この37歳の実業家は即座に、入手可能な4席を予約した。

> 語句 announce「発表する」、commercial「民間の」、instantly「すぐに」、book「予
> 約する」、available「利用可能な・入手可能な・空いている」

7

❶ Isaacman will be the pilot of the space mission and is giving the other
　　　S　　　V　　　　　C　　　　　　　　　　　　　　　V　　　　O

three seats (to people [who have demonstrated certain positive

characteristics]).

> 和訳 アイザックマンはこの宇宙飛行ミッションの司令官を務める予定で、残り3席分
> の枠を、プラスの影響をもたらす特定の属性を示した人たちに提供することに
> している。

> 語句 demonstrate「示す・発揮する」、characteristics「（通常複数形で）特性・
> 属性」

❷ Arceneaux, the first crew member [to be chosen], represents "hope"
　　S　　　　　　　　　　　　　　　　　　　　　　　　V　　　　O
　　　　　　Arceneauxの同格

(because she survived cancer and now helps patients (as a physician's
　　　　　　s　　　V　　　O　　　　　　v　　　　o

assistant)).

87

和訳 クルーとして最初に選ばれたアルセノーは、がんを乗り越え、現在は医師助手として患者の手助けをしていることから、「希望」を象徴している。

語句 represent「表す・象徴する」、survive「〜を乗り越えて生き残る」、physician「医師」

3 The second passenger represents a "generous quality."
　　　　 S　　　　　　　　 V　　　　　　　　 O

和訳 2人目の乗組員が象徴するのは「寛容」だ。

語句 passenger「乗客・乗員」

4 This person will be someone [who is part of Isaacman's campaign to
　　　 S　　　 V　　　　　　 C

raise $200 million for a cancer hospital [that treats children (for

free)]].

和訳 この枠は、アイザックマンが始めた、子どもの治療を無償で行う小児がん施設のために2億ドルの寄付を集めるキャンペーンの参加者から選ばれる予定だ。

語句 raise「資金調達する」、for free「無料で」

5 Isaacman has already contributed half of the amount himself.
　　　 S　　　　　　　 V　　　　　　　 O

和訳 アイザックマンはすでに、その半分の額を自ら寄付している。

語句 contribute「寄付する・貢献する」、amount「金額」

6 The third seat, (representing "economic success)," will be given (to a
　　　 S　　　　　　　　　　　　　　　　　　　　　　　　 V

business person [who adopts the payment platform [developed by

Isaacman's company]]).

和訳 3つ目の座席は「経済的成功」を象徴するもので、アイザックマンの会社が展開する決済プラットフォームを導入している経営者に提供される。

語句 adopt「採用する・導入する」、platform「プラットフォーム」、develop「開発する・展開する」

8

❶ (Prior to the mission launch), the Inspiration4 crew will undergo
　　　　　　　　　　　　　　　　　　　　　　　S　　　　　　　　　V

intense training [for space flight] and learn how to prepare for
O　　　　　　　　　　　　　　　　V　　　O

emergencies.

> **和訳** ミッションの打ち上げに先立って、インスピレーション4のクルーは宇宙飛行に
> 向けたハードな訓練を受け、非常事態への備え方を教わる。

> **語句** prior to ～「～に先立って」、launch「（名詞）ロケットの打ち上げ・開始（動詞）
> 打ち上げる・開始する」、undergo「経験する」、intense「激しい・厳しい」、
> emergency「緊急事態・非常事態」

❷ The mission will orbit Earth every ninety minutes (along a flight path
　　　S　　　　　V　　　O

[determined in advance]).

> **和訳** このミッションは、あらかじめ決められた飛行経路に沿って、1周90分で地球
> の軌道を周回する。

> **語句** orbit「軌道を回る・～の周りを回る」、path「経路」、determine「決める」、
> in advance「事前に・あらかじめ」

❸ It will be carefully monitored (from Earth) (by SpaceX mission
　　S　　　　　　　V

control engineers).

> **和訳** その様子は、スペースX社の宇宙管制センターに勤める技術者たちが地球から
> 監視する。

> **語句** monitor「監視する」、mission control「宇宙管制センター」

❹ The astronauts will spend their time [in space] (conducting important
　　　S　　　　　V　　　O　　　　　　　　(spend 時間 -ing)

scientific experiments).

> **和訳** クルーは宇宙での時間を、重要な科学実験を行って過ごすことになる。

> **語句** conduct「行う」、scientific「科学の」、experiment「実験」

9

① (While Arceneaux is set to be the first person [with a so-called
　　　　S　　　　　　　v　　　　　　　　　　c
disability] [to go into space]), she will not be the last.
　　　　　　　　　　　　　　　　S　　　　V　　　　　C

> **和訳** アルセノーは、いわゆる障がいを持ちながら宇宙に行く初めての人物となる予
> 定だが、彼女が最後の人物にはならないだろう。

> **語句** be set to ～「～することになっている」、so-called「いわゆる」

② (On February 19, 2021), the European Space Agency (ESA)
　　　　　　　　　　　　　　　　　　　　S
announced a plan [to consider all astronaut candidates fairly],
　V　　　　　O
(regardless of their race, gender, and, most importantly, physical

limitations).

> **和訳** 2021年2月19日、欧州宇宙機関 (ESA) は、人種、性別、そして最も重要なこ
> とに身体的制約にかかわらず、すべての宇宙飛行士志願者を公平に評価する
> 計画を発表した。

> **語句** candidate「候補者」、fairly「公平に」、regardless of ～「～にかかわらず」、
> race「人種」、limitation「制限・制約」

③ "Representing all parts of our society is a concern [that we take φ
　　　　　S　　　　　　　　　　　　　　　　V　　　　　C
very seriously]," said a director [from ESA].
　　　　　　　　　V　　　　S

> **和訳** 「社会のあらゆる要素を表すことは、私たちが非常に重く受け止めている関心
> 事です」とESA長官は言った。

> **語句** concern「関心事・懸念」、take ～ seriously「～を真剣に受け止める」、
> director「長」

90

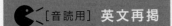
1 The phrase "shoot for the stars" has just taken on a very personal meaning for Hayley Arceneaux. On February 22, 2021, she was selected as one of four crew members of the SpaceX Inspiration4 — the world's first mission involving ordinary citizens as its astronauts. The twenty-nine-year-old will make further history as the youngest American — and the first with an artificial limb — to travel into space.

2 "Until this mission, I could have never been an astronaut," Arceneaux said. "This mission is opening space travel to people who are not physically perfect."

3 Arceneaux's ambition for space began two decades ago, following a visit to the NASA Space Center during a family vacation. "I got to see where the astronauts trained and of course wanted to be an astronaut after that," she recalled. However, the young girl's dreams were interrupted a year later when doctors found a type of bone cancer in her left leg.

4 Fortunately, the disease was detected early. Doctors were able to stop the cancer's spread through treatment and by replacing the diseased bones in her leg with metal supports. Given NASA's strict medical requirements, Arceneaux believed that she might never realize her dream of becoming an astronaut. As a result, she began thinking about a different mission, one that was just as challenging and fulfilling. She hoped to work with young cancer patients at the hospital where she had been treated.

5 Yet Arceneaux's dream of going to space was far from over. On January 5, 2021, she got a surprise call from Jared Isaacman, the chief executive officer (CEO) of a successful payment processing company. He asked her if she would like to go to space. Arceneaux answered immediately, "Yes, yes, absolutely!"

6 As an enthusiastic jet pilot, Isaacman had always hoped for a chance to go to space. When SpaceX announced the world's first all-commercial astronaut mission, the thirty-seven-year-old business professional instantly booked the available four seats.

7 Isaacman will be the pilot of the space mission and is giving the other three seats to people who have demonstrated certain positive characteristics. Arceneaux, the first crew member to be chosen, represents "hope" because she survived cancer and now helps patients as a physician's assistant. The second passenger represents a "generous quality." This person will be someone who is part of Isaacman's campaign to raise $200 million for a cancer hospital that treats children for free. Isaacman has already contributed half of the amount himself. The third seat, representing "economic success," will be given to a business person who adopts the payment platform developed by Isaacman's company.

8 Prior to the mission launch, the Inspiration4 crew will undergo intense training for space

flight and learn how to prepare for emergencies. The mission will orbit Earth every ninety minutes along a flight path determined in advance. It will be carefully monitored from Earth by SpaceX mission control engineers. The astronauts will spend their time in space conducting important scientific experiments.

9 While Arceneaux is set to be the first person with a so-called disability to go into space, she will not be the last. On February 19, 2021, the European Space Agency (ESA) announced a plan to consider all astronaut candidates fairly, regardless of their race, gender, and, most importantly, physical limitations. "Representing all parts of our society is a concern that we take very seriously," said a director from ESA.

(Adapted from Emily Moulin, "Hayley Arceneaux to Become the Youngest American to Go to Space," *DOGOnews*, March 25, 2021)

全文和訳

1 "shoot for the stars（大志を抱く）" という言い回しは、ヘイリー・アルセノーにとって非常に個人的な意味を持つようになっていた。2021年2月22日、彼女は、民間人が宇宙飛行士として参加する世界初の宇宙飛行である、スペースXインスピレーション4のクルー4人のうち1人に選ばれた。29歳の彼女は、宇宙飛行する最年少のアメリカ人として、また、義肢を装着して宇宙飛行をする初めての人類として、歴史にさらなる足跡を残すだろう。

2 「このミッションまでは、私が宇宙飛行士になることは不可能だったでしょう」とアルセノーは言った。「このミッションでは、身体機能が完全ではない人々にも宇宙飛行の門戸が開かれています」

3 アルセノーの宇宙への夢は、20年前に、家族旅行でNASA宇宙センターを訪れたところから始まった。「宇宙飛行士が訓練しているところを見学できて、当然その後、宇宙飛行士になりたいと思ったのです」と彼女は振り返った。しかし、その1年後、医師が彼女の左脚に骨肉腫の一種を発見し、少女の夢は遮断された。

4 幸いにも、その病気は早期発見であった。医師たちは、治療と、がんに侵された脚の骨を金属製の補助装置に置き換えることによって、がんの転移を食い止めることができた。NASAの求める医学的要件が厳しいことを考慮すると、宇宙飛行士になるという夢が叶うことは一生ないかもしれないとアルセノーは思った。その結果彼女は、宇宙飛行士に負けないくらいのやりがいと充実感がある、別の使命について考えるようになった。彼女は自分が治療を受けた病院で、若いがん患者の治療に携わる仕事をしたいと考えた。

5 しかし、宇宙に行くというアルセノーの夢は決して終わってはいなかった。2021年1月5日、成功を収めた決済処理会社の最高経営責任者（CEO）を務めるジャレッド・アイザックマンから彼女に、突然の電話があった。彼は彼女に、宇宙に行きたいですかと尋ねた。アルセノーは「ええ、ええ、もちろんです！」と即答した。

6 アイザックマンはジェット機の操縦に情熱を注いでおり、宇宙に行く機会をずっと待ち望んでいた。スペースXが、民間人だけで宇宙飛行をするという世界初のミッションを発表したとき、この37歳の実業家は即座に、入手可能な4席を予約した。

7 アイザックマンはこの宇宙飛行ミッションの司令官を務める予定で、残り3席分の枠を、プラスの影響をもたらす特定の属性を示した人たちに提供することにしている。クルーとして最初に選ばれたアルセノーは、がんを乗り越え、現在は医師助手として患者の手助けをしていることから、「希望」を象徴している。2人目の乗組員が象徴するのは「寛容」だ。この枠は、アイザックマンが始めた、子どもの治療を無償で行う小児がん施設のために2億ドルの寄付を集めるキャンペーンの参加者から選ばれる予定だ。アイザックマンはすでに、その半分の額を自ら寄付している。3つ目の座席は「経済的成功」を象徴するもので、アイザックマンの会社が展開する決済プラットフォームを導入している経営者に提供される。

8 ミッションの打ち上げに先立って、インスピレーション4のクルーは宇宙飛行に向けたハードな訓練を受け、非常事態への備え方を教わる。このミッションは、あらかじめ決められた飛行経路に沿って、1周90分で地球の軌道を周回する。その様子は、スペースX社の宇宙管制センターに勤める技術者たちが地球から監視する。クルーは宇宙での時間を、重要な科学実験を行って過ごすことになる。

9 アルセノーは、いわゆる障がいを持ちながら宇宙に行く初めての人物となる予定だが、彼女が最後の人物にはならないだろう。2021年2月19日、欧州宇宙機関（ESA）は、人種、性別、そして最も重要なことに身体的制約にかかわらず、すべての宇宙飛行士志願者を公平に評価する計画を発表した。「社会のあらゆる要素を表すことは、私たちが非常に重く受け止めている関心事です」とESA長官は言った。

解答・解説

「課題が山積みのフードロス」

▶ 金城学院大学

問題文は別冊 p.20

この英文を読む意義

世界で9人に1人が栄養不足で苦しんでいるにもかかわらず、世界の食料のなんと3分の1近くが廃棄されています。食品ロスは世界中で問題になり、解決が急がれています。SDGs（持続可能な開発目標）のゴール12「つくる責任・つかう責任」で「2030年までに食品廃棄を半減すること」が掲げられているだけに、今後入試での出題は増えていくでしょう。

実際、慶應の医学部の長文で大きく取り上げられてから、ある年だけで駒澤・専修・法政・同志社・立命館などで出題されたこともあります。

さらには自由英作文でも「フードロス（食品ロス）を解決するために何ができる？」というテーマが出るので、今回の英文を通して、より具体的な解決策を知っておくことができます。

今回の英文に出てくる edible「食べられる」／ discard「捨てる」／ leftovers「食べ残し」／ undernourished「栄養不足の」などは単語帳で強調されることはない（もしくは載っていない）でしょうが、フードロスの英文には欠かせないので、そういった語彙対策もできる英文です。

解 答

問1	①	問2	①	問3	②	問4	①	問5	④
問6	①								

問 1

正解の英文

① curbing food waste「食品廃棄物を抑制すること」

▶ issue「問題」の意味がポイントで、ここでの問題は「食品廃棄物（の抑制）」のことなので、①がその内容に近いものです。
ちなみに、ここでは address the issue の形で、address も issue も重要な多義語なので以下でチェックしておきましょう。

+α address と issue

【多義語 address　核心：ぽ〜んと向ける】

① 向ける　　② 話しかける／演説　　③ 取りかかる・対処する
④ 委託する　⑤ 住所／宛先を書く

「話の内容を聴衆にぽ〜んと向ける」→「話しかける／演説」、「ある課題に、自分の意識をぽ〜んと向ける」→「取りかかる・対処する・扱う」となりました。おなじみの「住所」は「手紙をぽ〜んと向ける先」です。

【多義語 issue　核心：ポンッと出てくる】

① 問題　　②（雑誌の）〜号　　③ 発行する・出す・発表する

「（突然何かが）ポンッと出てくる」というイメージで、「ポンッと出てくる」→「（表に出てきた）問題・論争」、「発売日になると店頭にポンッと出てくる」→「（雑誌の）号」となりました。

不正解の選択肢

② introducing measures「対策を導入すること」
③ operating stores「店舗を経営すること」
④ producing products「商品を製造すること」

問 2

正解の英文

① account for 〜「〜を占める・〜の原因となる」

▶ be responsible for 〜「〜に責任がある・〜の原因となる」という熟語です。「レストランと家庭は、食品廃棄物排出の約 66％ に対して責任がある（レストランと家庭が原因だ）」ということで、これに意味が近い、① account for 〜「〜を占める・〜の原因となる」という熟語を選べば OK です。

▶ 多義語account

accountにはcount「数える」が入っているので、本来「計算する」→「(計算した内容を)説明する」と考えるといいでしょう。

【多義語account　核心：計算して説明する】

① 請求書　　② 口座・(SNSなどの)アカウント
③ 報告・説明／(account for ～ で)～を説明する
④ (account for ～ で)～を占める

「料金を計算して説明するもの」→「請求書」、銀行でお金を「計算して説明するもの」→「口座」です。動詞はaccount for ～「～を説明する」の形が大事で、「説明する」→「占める」となります（「40%を占める」とは、グラフの40%を「説明してくれる」ということですね）。

※ちなみに、"原因 account for 結果"という因果関係を意識すると理解しやすいことも多いです。responsibleも"原因 is responsible for 結果"という因果関係をつくります。

不正解の選択肢

② replace「取って代わる」
③ save up「お金を貯める」
④ take away「取り除く」

問3

正解の英文

② **Do not overproduce seasonal sushi rolls**

「恵方巻きの過剰生産をしないでください」

▶ 下線部The requestは、The request by the ministry「その省による要請」という形になっています。直前(⑤-2)にIn January, the Agriculture, Forestry and Fisheries Ministry urged industry groups of convenience stores and supermarkets not to overproduce seasonal sushi rolls.「農林水産省は1月、コンビニエンスストアやスーパーマーケットの業界団体に対し、恵方巻きの過剰生産をしないよう要請した」とあります。主語がthe ～ Ministry、動詞がurgedです（urge 人 to ～「人 に～するよう要請する」の形で、今回は 人 にindustry groups of ～ がきている）。ここがまさにThe request by the ministryの内容だとわかります。要請内容は、not to ～「～しないように」の部分で、これと同じ意味の②が正解です。

不正解の選択肢

① **Do not discard sushi rolls**
「巻き寿司を捨てないでください」
③ **Do not put images of sushi rolls on social media**
「巻き寿司の画像をSNSに載せないでください」

④ Do not reduce food waste
「食品廃棄物を削減しないでください」

問4

① handle「対処する」

▶ deal with 〜「〜に対処する」という熟語で、deal with the challenge「その課題に対処する」となっています（with は「関連（〜について）」を表す）。正解は① handle「取り扱う・対処する」です。

+α 「対処する・取り組む」を表す重要表現

「問題に直面 → 対処」という流れの英文はよく出るので、「対処する・扱う」関係の語句を押さえておく必要があります。以下でまとめて確認しておきましょう。

☐ deal with 〜「〜に対処する・取り組む」
☐ cope with 〜「〜に対処する・〜を乗り切る」
☐ address「取りかかる・取り組む」 ※今回、1-1や8-1で使われています。
☐ tackle「取り組む」 ※「問題・トラブルにタックルする」→「果敢に取り組む」
☐ handle「扱う・処理する」

---

② look after 〜「〜の世話をする」

▶「〜の後ろに（after）視線を向ける（look）」→「〜の世話をする」です。「公園で遊んでいる我が子のあとを目で追う」イメージです。

③ obtain「得る」

④ take over 〜「〜を引き継ぐ」

▶「向こうからやってきた（over）仕事をとる（take）」→「引き継ぐ」となりました。

問5

④ will take time to become a custom

「慣習になるには時間がかかるだろう」

▶ have yet to 原形 「まだ〜していない」、take root「根付く・定着する」という表現がポイントです。has yet to take root in Japan は「日本ではまだ根付いていない」で、これに意味が近いのは④です。

また、take root もあまり強調されませんが、実は長文で頻繁に出てきます（LESSON 10 の 10-1 にも登場します）。

不正解の選択肢

① has already been established
「すでに定着している」

② has not started yet
「まだ始まっていない」

③ will soon be accepted
「もうすぐ一般に認められる」

問6

正解の英文

① Both Skylark Holdings Co. and Prince Hotels Inc. are among the companies that have been working on the issue of food waste.

「株式会社すかいらーくホールディングスも株式会社プリンスホテルも、食品廃棄物の問題に取り組んでいる企業の1つである」

▶ 8 -1 に Among companies that have been taking steps to address the issue of food waste is major restaurant chain operator Skylark Holdings Co., which ~「食品廃棄物の問題への対策に取り組んでいる企業の中には、最大手レストランチェーン事業者の株式会社すかいらーくホールディングスがあり〜」、8 -2 に Other initiatives include one launched by Prince Hotels Inc., which ~「他には株式会社プリンスホテルが始めた施策があり〜」とあります。「Skylark Holdings Co. と Prince Hotels Inc. は食品廃棄物の問題に取り組んでいる」とわかるので、①が正解です。

8 -1の英文は倒置になっており、本来はS is among ～「Sは～のうちの1つだ」（be among ≒ be one of ～）の形で、これが Among ～ is S「～のうちの1つにSがある」となっています（詳しくは「構文解析」を参照してください）。正解の選択肢では本来の形であるS is among ～ の形が使われています。

ちなみに、本文のtake steps to address ～「～へ対処するために対策をとる」が、選択肢ではwork on ～ 「～に取り組む」という重要熟語に言い換えられています。

不正解の選択肢

② Introducing plates with nine partitions encourages customers to serve themselves more than they can eat.
「9つに仕切られた皿を導入すると、客は食べきれない量の料理を取りたくなる」

▶ 8 -2 に Other initiatives include one launched by Prince Hotels Inc., which has introduced plates with nine partitions at a buffet-style restaurant it operates in ~, as a way to discourage diners from helping themselves to more than they can eat.「他には株式会社プリンスホテルが始めた施策があり、同社が～で運営しているビュッフェ式レストランでは、食事客が食べきれない量の料理を取らないようにする手段として、9つに仕

切られた皿を導入している」とあります。本文は discourage 人 from -ing「人 が〜するのを思いとどまらせる」で、選択肢の encourage 人 to 〜「人 が〜するのを促す」とは真逆です。

③ Offering customers a doggy bag indicates that they should not finish their meal and take some home.
「客に持ち帰り用の袋を提供することは、客は料理を食べきらずに一部を家に持ち帰るべきだということを示唆している」

▶8 -1後半に which offers customers a container in which to take home leftover food, although the concept of a doggy bag has yet to take root in Japan「日本ではまだ持ち帰り用の袋という概念が根付いていないが、同社は食べ残しを家に持ち帰るための容器を客に提供している」とあります。あくまで「食品廃棄物を減らすために容器を渡す」という話で、「料理を食べきるべきでない」などとは書かれていません。

④ Restaurant operators do not mind serving their customers smaller portions in order to reduce food waste.
「レストランの運営責任者は、食品廃棄物を削減するために、客に出す料理の量を減らしてもかまわないと思っている」

▶8 -3に But restaurant operators remain wary that serving smaller portions could upset their customers.「しかし、レストランの責任者は、少量しか出さないことでお客様を不快にさせてしまうのではないかと不安に思い続けている」とあり、選択肢の do not mind「気にしない・嫌だと思わない」と合いません。

> 今回のような英文を
> 読み込んでおくと、
> 将来、英字新聞を読む
> 土台にもなるよ!

構文解析

1

① Major convenience store operators are the latest firms [to introduce
　　　　　　S　　　　　　　　　　　V　　　　　C
measures [to curb food waste]] (as companies step up efforts [to
　　　　　　　　　　　　　　　　　　　s　　　　　v　　　o
address the issue [in the country], [where 6 million tons of edible
products are discarded annually]]).

> **和訳** 年間600万トンの食品が廃棄されているこの国では、企業が問題への取り組みを強化する中、食品廃棄物抑制のための対策を導入している会社として大手コンビニエンスストア事業者が最新の事例になっている。

> **語句** major「大手の・主な」、operator「経営者・事業者」、latest「最新の」、firm「会社」、introduce「導入する」、measure「手段・方法」、waste「廃棄物」、step up「強化する」、address「取り組む」、issue「(名詞)問題(動詞)発行する」、edible「食べられる」、discard「捨てる・廃棄する」、annually「毎年・年間で」

② (However), restaurants and households, [which are responsible for
　　　　　　　　　　　　S　　　　　　　　　　　　因果表現
some 66 percent of discarded food], are moving more slowly (to slash
　　　　　　　　　　　　　　　　　　　V
the amount of leftover items).

> **和訳** しかし、食品廃棄物排出の約66パーセントを占めているレストランと家庭は、食べ残しの量を減らそうとする取り組みが遅れている。

> **語句** household「家庭」、slash「削減する・大きく変える」、leftover「食べ残りの」

③ Eateries are concerned < { that } they will lose customers (if they
　　S　　　V　　　　　　　　　　O　　s　　v　　　o　　　　　s
serve smaller portions)>, (while Japanese consumers tend to prioritize
v　　　　o　　　　　　　　　　　　　　　　s　　　　　　　v
product freshness).
　　o

> **和訳** 飲食店は、提供する食事の量を減らしたら客を失ってしまうのではないかと心配しており、また、日本の消費者は商品の鮮度を優先する傾向がある。

> **語句** eatery「飲食店・レストラン」、concerned「懸念している・心配している」、

serve「提供する」、portion「分け前・取り分・一人前」、prioritize「優先する」、freshness「新鮮さ」

2

❶ Seven-Eleven Japan Co. and Lawson Inc. said (Friday) <{ that } they
 S   V   O   s
will start discounting rice balls and bento lunchboxes (as they near
 V   o   s   V
the end of their shelf life)>.
 o

和訳 株式会社セブンイレブン・ジャパンと株式会社ローソンは金曜日に、おにぎりとお弁当の賞味期限が近付くと値下げを行うことにすると発表した。

語句 discount「割引する」、rice ball「おにぎり」、near「近づく」

❷ (Under the plan), they will offer customers [enrolled in the chains'
                      S   V   O
point programs] shopping credits [worth 5 percent of the purchase
                O
price of such items].

和訳 この計画では、各チェーンのポイントプログラムに登録している顧客に、そういった商品の購入価格の5パーセントに相当するショッピングクレジット（買い物に使えるポイント残高）を付与する予定だ。

語句 enroll「登録する・入会させる」、credit「残高・与信枠」、worth「～に値する・～相当の」、purchase「購入」

❸ "Food loss is a big problem (domestically and globally as well), so
   S   V   C
convenience stores also need to confront this issue," Lawson President
 S   V   O   S
Sadanobu Takemasu said (Friday).
                  V

和訳 「食品ロスは国内においても世界的にも大きな問題なので、コンビニエンスストアもこの問題に取り組まなければなりません」と、ローソンの社長である竹増貞信氏は金曜日に述べた。

語句 domestically「国内で」、globally「世界レベルで・全世界的に」、confront「立ち向かう・取り組む」

4 "We will continue to make efforts [to sell out our food products]."
  S   V   O

> 和訳 「私たちは、当社の店舗の食料品を売り切るように尽力し続けます」

> 語句 make efforts to ～「～するよう努力する」、sell out「売り切る・売り尽くす」

5 Takemasu said < that around 10 percent of the chain's rice balls and
  S V that   s

lunchboxes are discarded (as waste)>.
     V

> 和訳 竹増氏によると、同チェーンのおにぎりとお弁当の約10パーセントがごみとして廃棄されている。

3

1 (According to the U.N. Food and Agriculture Organization), roughly

1.3 billion tons of food is wasted globally every year, (while 1 in 9
    S   V

people [in the world] — or 815 million — are undernourished).
  s   同格のor   v c

> 和訳 国連の食糧農業機関によると、世界では毎年おおよそ13億トンの食品が廃棄されている一方で、世界の9人に1人、つまり8億1,500万人が栄養失調に陥っているという。

> 語句 roughly「おおよそ」、undernourished「栄養不足の・栄養失調の」

2 Overproduction of food and incineration of food waste consumes
            S   V

energy and contributes to carbon dioxide emissions.
 O   V 因果表現   O

> 和訳 食品の過剰生産や食品廃棄物の焼却はエネルギーを消費し、二酸化炭素排出の一因となっている。

> 語句 overproduction「過剰生産」、consume「消費する」

4

1 (In its sustainable development goals), the U.N. calls for halving per
              S V O

capita global food waste (at the retail and consumer levels) and reducing food losses (along production and supply chains) (by 2030).

> **和訳** 国連は持続可能な開発目標の中で、2030年までに、全世界の小売店および消費者の段階における1人あたりの食品廃棄物を半減させ、生産チェーンおよび供給チェーンの中で発生する食品ロスを削減することを求めている。

> **語句** sustainable「持続可能な」、development「発展・開発」、goal「目標」、call for 〜「〜を呼びかける・〜を求める」、halve「半分にする・半減させる」、per capita「1人あたりの」、retail「小売りの」、supply chain「サプライチェーン・供給網」

② (Against this backdrop), agriculture ministers [from the Group of 20
　　　　　　　　　　　　　　　　　　 S
major economies] (at a meeting earlier this month in the city of

Niigata) agreed to take a leading role [in reducing food waste].
　　　　　 V　　　　　 O

> **和訳** こうした状況を背景に、今月新潟市で開催された会議では、主要経済大国G20の農業大臣たちが食品廃棄物の削減において主導的な役割を担うことに合意した。

> **語句** backdrop「背景・状況」、agriculture「農業」、minister「大臣・代表者」、major economies「主要経済大国」、earlier this month「今月の今日より早いときに」(「上旬」とは限らない)、leading role「指導者的役割」

③ "Productivity needs to increase and distribution needs to be more
　　　 S　　　　　 V　　　　　　　　　 S　　　　　 V　　　 C
efficient, (including by reducing food loss and waste), (in order to
　　　　　 ⌊including 〜 → 具体例！⌋
achieve food security and improve nutrition (for the growing world

population))," said the ministers' declaration [issued May 12].
　　　　　　　　　 V　　 S

> **和訳** 「増え続ける世界人口のために食糧安全保障を達成し、栄養状態を改善するためには、食品ロスや食品廃棄物を削減するなどして、生産性を高め、流通を効率化する必要があります」と、5月12日に発出された大臣宣言に記載されている。

> **語句** productivity「生産性・生産力」、distribution「流通・配分」、achieve「達成する」、nutrition「栄養」、declaration「宣言・公表・声明」

5

❶ The government has also been pushing to reduce food waste (amid
　　　　　S　　　　　　　　　　　V　　　　　　　　　　O
rising global awareness of the issue, [which is linked to greenhouse
warming and poverty]).

> **和訳** 政府はまた、地球温暖化や貧困にもつながる食品廃棄物問題への世界的な関
> 心が高まる中で、食品廃棄物の削減を推し進めている。

> **語句** push to ～「～することを推し進める」、amid「～に囲まれて・～の折に」、
> awareness「認識・意識」、greenhouse warming「地球温暖化」、poverty「貧
> 困」

❷ (In January), the Agriculture, Forestry and Fisheries Ministry urged
　　　　　　　　　　　　S　　　　　　　　　　　　　　　　　　　V
industry groups of convenience stores and supermarkets not to
　　　　　　　　　　　　　O
overproduce seasonal sushi rolls.
　　　　　　　C

> **和訳** 農林水産省は1月、コンビニエンスストアやスーパーマーケットの業界団体に
> 対し、恵方巻きの過剰生産をしないよう要請した。

> **語句** urge「促す・求める」、seasonal「季節の・旬の」

❸ The request [by the ministry], [the first of its kind], came (after
　　　　　S　　　　　　　　　　　　　　　　　　　　　　　V
images of large amounts of discarded sushi rolls went viral (on social
　　　　　　　　　　　　　　　　s　　　　　　　v　　c
media), (sparking controversy)).
　　　　分詞構文

> **和訳** 同省がそういった要請を出したのは初めてのことで、大量に廃棄された恵方巻
> きの画像がSNSで拡散され、論争を巻き起こしたのを受けて行われたことだっ
> た。

> **語句** ministry「省」、go viral「急速に拡散される・バズる」、spark「火をつける・
> 巻き起こす」、controversy「物議・議論・論争」

❶ "Reducing food loss means less waste of natural resources and it is
　　　　S　　　　　　　V（イコール表現）　　　　　　　　　O　　　　　S V

also important (from the standpoint of easing burdens [on companies
　　　C

and households])," Chief Cabinet Secretary Yoshihide Suga said
　　　　　　　　　　　　　　　　　S　　　　　　　　　　　　　　　V

(Friday).

> **和訳**　「食品ロスを削減することは、自然資源の無駄遣いを減らすことであり、企業や
> 家庭にかかる負担を軽減するという観点からも重要なのです」と、内閣官房長
> 官の菅義偉氏は金曜日に述べた。
>
> **語句**　resource「資源」、standpoint「観点」、ease「軽減する・緩和する」、
> burden on 〜「〜への負担・重荷」

❷ "Related ministries and agencies will continue to work (as one)" (to
　　　　S　　　　　　　　　　　V

deal with the challenge), he said.
　　　　　　　　　　　　　　S　V

> **和訳**　この課題に対処するため、「関係各省庁が一体となって取り組んでまいります」
> と同氏は述べた。
>
> **語句**　agency「庁」、deal with 〜「〜に取り組む」

❶ (While convenience stores and supermarkets tend to be blamed (as
　　　　　　　s　　　　　　　　　　　　v

massive waste producers)), the retail sector discarded only around 10
　　　　　　　　　　　　　　　　S　　　　　　V　　　　　O

percent or 660,000 tons of the total 6.43 million tons (in fiscal 2016
　　　（同格の or）

through March 2017), (according to government data).

> **和訳**　コンビニエンスストアやスーパーマーケットは廃棄物を大量に出しているとして
> 非難されがちだが、政府のデータによると、2016年から2017年3月までの会
> 計年度において、小売部門が出した廃棄物はたったの約10パーセント、つまり
> 総量643万トンのうち66万トンであった。
>
> **語句**　blame「責める」、massive「巨大な・大量の・圧倒的な」、fiscal「会計の・
> 財務の」

② Food-related manufacturing and restaurants sectors, (meanwhile),
　　　　　　　　　　　　　　　　 S

threw away 1.37 million tons and 1.33 million tons, (respectively).
　V　　　　　　　　　　　　O

> **和訳** その一方で、食品関係の製造部門および外食産業はそれぞれ137万トンと
> 133万トンの廃棄物を出していたし、

> **語句** respectively「それぞれ」

③ Households alone made up over 40 percent of the total (at 2.91
　　　S　　　　　　　V　　　　　O

million tons).

> **和訳** 家庭の廃棄物だけで291万トンと、総量の40パーセント超を占めていた。
> **語句** make up「構成する」

8

① Among companies [that have been taking steps (to address the issue
　　　　　　　　　　　　　　　C

of food waste)] is major restaurant chain operator Skylark Holdings
　　　　　　　　　V　　　　　　　　　　　　　　　S

Co., [which offers customers a container [in which to take home

leftover food], (although the concept of a doggy bag has yet to take
　　　　　　　　　　　　　　　　　s　　　　　　　　　v

root (in Japan))].

> **和訳** 食品廃棄物の問題への対策に取り組んでいる企業の中には、大手レストランチ
> ェーン事業者の株式会社すかいらーくホールディングスがあり、日本ではまだ
> 持ち帰り用の袋という概念が根付いていないが、同社は食べ残しを家に持ち帰
> るための容器を客に提供している。

> **語句** take steps to ～「～するための対策に取り組む」、container「容器」、
> doggy bag「持ち帰り用の袋（名目上は「犬のエサにするために持ち帰る」こと
> から）」、have yet to ～「まだ～していない」、take root「根付く・定着する」

② Other initiatives include one [launched by Prince Hotels Inc.], [which
　　　S　　　　　　　V（イコール表現）　　　　　O

has introduced plates [with nine partitions] (at a buffet-style

107

restaurant [it operates ϕ in the resort town of Karuizawa, Nagano

Prefecture]), (as a way to discourage diners from helping themselves

(discourage 人 from -ing 「人 が〜しないようにする」)

to more than they can eat)].

和訳 他には株式会社プリンスホテルが始めた施策があり、同社が長野県のリゾート地、軽井沢町で運営しているビュッフェ式レストランでは、食事客が食べきれない量の料理を取らないようにする手段として、9つに仕切られた皿を導入している。

語句 initiative「新たな取り組み・構想」、launch「始める・着手する」、partition「区画・仕切り」、operate 「運営する・経営する」、discourage 人 from -ing「人 が〜するのを防ぐ・人 が〜する気を削ぐ」

※正式名称は「株式会社西武・プリンスホテルズワールドワイド (Seibu Prince Hotels Worldwide, Inc.)」

❸ But restaurant operators remain wary < that serving smaller portions
　　　　　S　　　　　　　V　　C　　M　　　　　　　s

could upset their customers>.
　　v　　　　o

和訳 しかし、レストランの責任者は、少量しか出さないことでお客様を不快にさせてしまうのではないかと不安に思い続けている。

語句 upset「気分を害する・イライラさせる」

❹ "It's up to the customer < whether or not he finishes his meal>," a
　仮SV　　　　　　　　　　　　　　　　真S　　　s　　v　　　o

restaurant official said.
　　S　　　　V

和訳 「完食するかどうかはお客様次第ですから」とレストランの職員は述べた。

語句 up to 〜「〜次第だ」

9

❶ (As for household food waste, [which the government wants to reduce

by 50 percent by fiscal 2030 from fiscal 2000 levels]), amounts have
　　　　　　　　　　　　　　　　　　　　　　　　　　　　　S　　V

been edging up (of late).

和訳 家庭の食品廃棄物について、政府は2030年会計年度までに2000年会計年度
比で50パーセントの削減を目指しているが、その量はここ最近増えつつある。

語句 as for 〜「〜について」、of late「最近」

❷ This could be a reflection of Japanese food culture's emphasis [on
 S V   C
product freshness and safety], and shows < that (where tackling food
                              V   O   S
waste is concerned), the country still has plenty of work [to do]>.
      V   S   V   O

和訳 これは、商品の鮮度や安全性を重視する日本の食文化の表れである可能性が
あり、また、食品廃棄物問題への取り組みに関して日本がやるべきことがまだた
くさんあることを示している。

語句 reflection「表れ」、emphasis「重視・強調」、tackle「取り組む」、where 〜
is concerned「〜に関する限り」

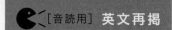
1 | Major convenience store operators are the latest firms to introduce measures to curb food waste as companies step up efforts to address the issue in the country, where 6 million tons of edible products are discarded annually. However, restaurants and households, which are responsible for some 66 percent of discarded food, are moving more slowly to slash the amount of leftover items. Eateries are concerned they will lose customers if they serve smaller portions, while Japanese consumers tend to prioritize product freshness.

2 | Seven-Eleven Japan Co. and Lawson Inc. said Friday they will start discounting rice balls and bento lunchboxes as they near the end of their shelf life. Under the plan, they will offer customers enrolled in the chains' point programs shopping credits worth 5 percent of the purchase price of such items. "Food loss is a big problem domestically and globally as well, so convenience stores also need to confront this issue," Lawson President Sadanobu Takemasu said Friday. "We will continue to make efforts to sell out our food products." Takemasu said that around 10 percent of the chain's rice balls and lunchboxes are discarded as waste.

3 | According to the U.N. Food and Agriculture Organization, roughly 1.3 billion tons of food is wasted globally every year, while 1 in 9 people in the world—or 815 million—are undernourished. Overproduction of food and incineration of food waste consumes energy and contributes to carbon dioxide emissions.

4 | In its sustainable development goals, the U.N. calls for halving per capita global food waste at the retail and consumer levels and reducing food losses along production and supply chains by 2030. Against this backdrop, agriculture ministers from the Group of 20 major economies at a meeting earlier this month in the city of Niigata agreed to take a leading role in reducing food waste. "Productivity needs to increase and distribution needs to be more efficient, including by reducing food loss and waste, in order to achieve food security and improve nutrition for the growing world population," said the ministers' declaration issued May 12.

5 | The government has also been pushing to reduce food waste amid rising global awareness of the issue, which is linked to greenhouse warming and poverty. In January, the Agriculture, Forestry and Fisheries Ministry urged industry groups of convenience stores and supermarkets not to overproduce seasonal sushi rolls. The request by the ministry, the first of its kind, came after images of large amounts of discarded sushi rolls went viral on social media, sparking controversy.

6 | "Reducing food loss means less waste of natural resources and it is also important from the standpoint of easing burdens on companies and households," Chief Cabinet Secretary Yoshihide Suga said Friday. "Related ministries and agencies will continue to work as one" to deal with the challenge, he said.

7 While convenience stores and supermarkets tend to be blamed as massive waste producers, the retail sector discarded only around 10 percent or 660,000 tons of the total 6.43 million tons in fiscal 2016 through March 2017, according to government data. Food-related manufacturing and restaurants sectors, meanwhile, threw away 1.37 million tons and 1.33 million tons, respectively. Households alone made up over 40 percent of the total at 2.91 million tons.

8 Among companies that have been taking steps to address the issue of food waste is major restaurant chain operator Skylark Holdings Co., which offers customers a container in which to take home leftover food, although the concept of a doggy bag has yet to take root in Japan. Other initiatives include one launched by Prince Hotels Inc., which has introduced plates with nine partitions at a buffet-style restaurant it operates in the resort town of Karuizawa, Nagano Prefecture, as a way to discourage diners from helping themselves to more than they can eat. But restaurant operators remain wary that serving smaller portions could upset their customers. "It's up to the customer whether or not he finishes his meal," a restaurant official said.

9 As for household food waste, which the government wants to reduce by 50 percent by fiscal 2030 from fiscal 2000 levels, amounts have been edging up of late. This could be a reflection of Japanese food culture's emphasis on product freshness and safety, and shows that where tackling food waste is concerned, the country still has plenty of work to do.

("Japanese convenience stores tackle food waste issue; households and restaurants slow to get on board" by Junko Horiuchi)

1 年間600万トンの食品が廃棄されているこの国では、企業が問題への取り組みを強化する中、食品廃棄物抑制のための対策を導入している会社として大手コンビニエンスストア事業者が最新の事例になっている。しかし、食品廃棄物排出の約66パーセントを占めているレストランと家庭は、食べ残しの量を減らそうとする取り組みが遅れている。飲食店は、提供する食事の量を減らしたら客を失ってしまうのではないかと心配しており、また、日本の消費者は商品の鮮度を優先する傾向がある。

2 株式会社セブンイレブン・ジャパンと株式会社ローソンは金曜日に、おにぎりとお弁当の賞味期限が近付くと値下げを行うことにすると発表した。この計画では、各チェーンのポイントプログラムに登録している顧客に、そういった商品の購入価格の5パーセントに相当するショッピングクレジット（買い物に使えるポイント残高）を付与する予定だ。「食品ロスは国内においても世界的にも大きな問題なので、コンビニエンスストアもこの問題に取り組まなければなりません」と、ローソンの社長である竹増貞信氏は金曜日に述べた。「私たちは、当社の店舗の食料品を売り切るように尽力し続けます」竹増氏によると、同チェーンのおにぎりとお弁当の約10パーセントがごみとして廃棄されている。

3 国連の食糧農業機関によると、世界では毎年おおよそ13億トンの食品が廃棄されている一方で、世界の9人に1人、つまり8億1,500万人が栄養失調に陥っているという。食品の過剰生産や食品廃棄物の焼却はエネルギーを消費し、二酸化炭素排出の一因となっている。

4 国連は持続可能な開発目標の中で、2030年までに、全世界の小売店および消費者の段階における1人あたりの食品廃棄物を半減させ、生産チェーンおよび供給チェーンの中で発生する食品ロスを削減することを求めている。こうした状況を背景に、今月新潟市で開催された会議では、主要経済大国G20の農業大臣たちが食品廃棄物の削減において主導的な役割を担うことに合意した。「増え続ける世界人口のために食糧安全保障を達成し、栄養状態を改善するためには、食品ロスや食品廃棄物を削減するなどして、生産性を高め、流通を効率化する必要があります」と、5月12日に発出された大臣宣言に記載されている。

5 政府はまた、地球温暖化や貧困にもつながる食品廃棄物問題への世界的な関心が高まる中で、食品廃棄物の削減を推し進めている。農林水産省は1月、コンビニエンスストアやスーパーマーケットの業界団体に対し、恵方巻きの過剰生産をしないよう要請した。同省がそういった要請を出したのは初めてのことで、大量に廃棄された恵方巻きの画像がSNSで拡散され、論争を巻き起こしたのを受けて行われたことだった。

6 「食品ロスを削減することは、自然資源の無駄遣いを減らすことであり、企業や家庭にかかる負担を軽減するという観点からも重要なのです」と、内閣官房長官の菅義偉氏は金曜日に述べた。この課題に対処するため、「関係各省庁が一体となって取り組んでまいります」と同氏は述べた。

7 コンビニエンスストアやスーパーマーケットは廃棄物を大量に出しているとして非難されが

ちだが、政府のデータによると、2016年から2017年3月までの会計年度において、小売部門が出した廃棄物はたったの約10パーセント、つまり総量643万トンのうち66万トンであった。その一方で、食品関係の製造部門および外食産業はそれぞれ137万トンと133万トンの廃棄物を出していたし、家庭の廃棄物だけで291万トンと、総量の40パーセント超を占めていた。

8 食品廃棄物の問題への対策に取り組んでいる企業の中には、大手レストランチェーン事業者の株式会社すかいらーくホールディングスがあり、日本ではまだ持ち帰り用の袋という概念が根付いていないが、同社は食べ残しを家に持ち帰るための容器を客に提供している。他には株式会社プリンスホテルが始めた施策があり、同社が長野県のリゾート地、軽井沢町で運営しているビュッフェ式レストランでは、食事客が食べきれない量の料理を取らないようにする手段として、9つに仕切られた皿を導入している。しかし、レストランの責任者は、少量しか出さないことでお客様を不快にさせてしまうのではないかと不安に思い続けている。「完食するかどうかはお客様次第ですから」とレストランの職員は述べた。

9 家庭の食品廃棄物について、政府は2030年会計年度までに2000年会計年度比で50パーセントの削減を目指しているが、その量はここ最近増えつつある。これは、商品の鮮度や安全性を重視する日本の食文化の表れである可能性があり、また、食品廃棄物問題への取り組みに関して日本がやるべきことがまだたくさんあることを示している。

「ポテトヘッドに "Mr." はいらない!?」

▶ 武蔵大学（経済・人文・社会・国際教養）

問題文は別冊 p.26

この英文を読む意義

LGBTQに関する話題には事欠かないですが、それが入試問題となるとまだまだ出題例が少ないので、今回の英文は難しく感じるでしょう。しかし今後のためにしっかり読み込んでおきたいところです。
※LGBTQの意味については「予習」（24ページ）をチェックしてください。

教科書的な抽象的で単調な話より、入試では「実際に世の中がどうなっているか?」といった記事が出題されていくと思われます。今回のポテトヘッドの話はまさにそのパターンの1つと言えるでしょう。
ちなみに、Mr. やMs./Mrs. ではなく、性別を明らかにしない "Mx." という新しい敬称もあります（読み方は「ミクス」などいくつかあります）。また、航空会社の機内アナウンスでもladies and gentlemenという呼びかけが廃止になっていることもあります（everyoneやall passengersなどを使う）。こういった話が今後出ると予想されるだけに、今回の英文は非常に重要です。
みなさんは小学校で先生から、男女関係なく「さん」と呼ばれた世代でしょう。これも同じ発想ですね。

また、英文のテーマが新しいだけに単語帳ではカバーしきれない重要単語も出て、さらにはそれが問われているのです。今回の問題では、問3でadvocacy group「擁護団体」の意味が問われています。すごく難しいので、普通の受験生は知らないのですが、今後を考えると知っておくべき単語です。問5のreview siteも最新入試で出てくるという意味で重要です。

解 答

問1 ①　　問2 ④　　問3 ②
問4 ②　　問5 ④　　問6 ②

解 説

問1

正解の選択肢

①　Hasbro announced they would sell a Potato Head product that does not have the gender-related titles "Mr." or "Mrs."

「ハズブロ社は、性別に関する敬称である『ミスター』や『ミセス』がついていないポテトヘッド製品を販売すると発表した」

▶ ②-1 は Hasbro created confusion Thursday when it announced that it would drop the "Mr." from the brand's name in order to be more inclusive 「ハズブロ社は、インクルージョンをより促進するために、ミスター・ポテトヘッドのブランド名から「ミスター」を外すことを木曜に発表し、混乱を招いた」、②-2 は It also said it would sell a new playset this fall without the Mr. and Mrs. designations that will let kids create their own type of potato families, including two moms or two dads. 「同社はまた今秋、子どもたちが自分なりのポテトヘッド・ファミリーを作り出すことができるような、ミスターやミセスという敬称がついていない新たなおもちゃセットを販売するそうだ。ママが2人でも、パパが2人でもよいのである」とあります。②-2 の playset を、選択肢では product「商品」と総称的にまとめて表しています。

不正解の選択肢

②　In a television advertisement, Mr. Potato Head said the labels "Mr." and "Mrs." were not needed anymore.

「テレビ広告で、ミスター・ポテトヘッドが『ミスター』や『ミセス』の敬称はもう要らないと言った」

▶「テレビ広告」や「敬称そのものがもう必要ない」については書かれていません。

③　Hasbro made a statement that their Potato Head World is already inclusive.

「ハズブロ社は、同社の展開するポテトヘッドの作品世界はすでにインクルーシブであるという声明を出した」

▶本文は「これからより inclusive にするために」という内容です。

④　Hasbro produced new toys named Two Moms and Two Dads.

「ハズブロ社は『2人のママ、2人のパパ』という名の新しいおもちゃを製作した」

▶︎2-2にtwo moms or two dadsとありますが、これはおもちゃの名前ではありません。

問2

正解の選択肢

④ prominently「目立つように」

▶ 該当箇所はbe displayed「表示される」の間にless (　) があり、「"Mr." や "Mrs." の敬称がどのように表示される？」かを考えます。less は「より〜でない」という否定表現だということに気をつけましょう。
④を選んで、the "Mr." and "Mrs." names are <u>less prominently</u> displayed at the bottom of the box, instead of the top 「『ミスター』および『ミセス』の敬称がついた名前は、箱の上部ではなく下部に、<u>あまり目立たないように</u>表示されている」とすれば、「"Mr." や "Mrs." をなくす」という方向性に合います。
また、対比表現instead ofがあるので（30ページ）、instead of the topと対比される内容から「目立たないように」と予想もつけられます。

不正解の選択肢

① permanently「永久に」　② probably「おそらく」
③ professionally「専門的に」

問3

正解の選択肢

② support「支持・支援」

▶ advocacyは「支持・擁護」という意味なので、②が正解です。最近は日本でも「アドボカシー団体」のように使われることがあります。ちなみに動詞のadvocateは「〜へ向けて (ad) 声を出す (vocate=vocal「ボーカル・声の」)」→「主張する・擁護する」です。
文脈から予想する場合、10-1のGLAAD, an LGBTQ (1) advocacy group, applauded the more inclusive Potato playset. で「よりインクルージョンを促進するポテトヘッドのおもちゃを称賛した」という内容や、次の段落で、GLAADの人がHasbroのことを評価していることからも「支持」のような意味を予想できます。

不正解の選択肢

① consulting「コンサルタント業」　③ diversity「多様性」
④ critical「批判的な・極めて重要な」

問4

正解の選択肢

② Many toymakers have updated their classic brands in recent years, hoping to relate to today's kids and more accurately reflect modern families.

「近年多くのおもちゃメーカーが、現代の子どもに受け入れられるよう、また、現代の家庭をより正確に反映できるよう、定番ブランドにアップデートをかけている」

▶ 第13段落で、Barbieなど3つの商品を紹介して、Hasbro以外にも多様な価値観を反映させていることがわかります。また、他の選択肢が明らかに違うので、消去法で②を選んでもいいでしょう。

不正解の選択肢

① Like Mr. Potato Head, more and more toymakers are creating products that encourage children to obey traditional gender norms.

「ミスター・ポテトヘッドのように、ますます多くのおもちゃメーカーが、従来のジェンダー規範に従うよう子どもを促すような製品を作り出しつつある」

▶ obey traditional gender norms「従来のジェンダー規範に従う」は、本文と真逆です。 11 -1に outside of the pressures of traditional gender norms「従来のジェンダー規範の圧力にとらわれず」とあります。

③ A shift in marketing strategy by toymakers in recent years has resulted in toys that no longer reflect the values of contemporary society.

「近年のおもちゃメーカーによるマーケティング戦略の変化によって、もはや現代社会の価値観を反映していないおもちゃが作り出された」

▶ " 原因 result in 結果 " の形になっていますが、 結果 の部分の no longer reflect the values of contemporary society が本文と真逆です。

④ Vegetables are vegetables, but they can cause significant social changes. Hasbro undertook a social reform project based on the farming ecosystem.

「野菜は野菜だが、社会に重大な変化をもたらしうる。ハズブロ社は、農業生態系に基づいた社会改革計画に着手した」

▶ the farming ecosystem は本文の趣旨と無関係です。

問5

正解の選択肢

④ a website for evaluating products「製品を評価するためのサイト」

▶ review site は「評価をするウェブサイト」のことです（日本語でもそのまま「レビューサイト」と使われることもあります）。選択肢で使われている evaluate「評価する」もネットやSNSが発達した現代ではものすごく重要な単語です。

不正解の選択肢

① a site for the performing arts「舞台芸術のためのサイト」

② a site for a marketing research company「市場調査会社のためのサイト」

③ a portal website for several newspapers「いくつかの新聞のポータルサイト」

問6

② Hasbro has been struggling to balance maintaining the Potato Head brand with developing a more socially progressive product.

「ハズブロ社は、ポテトヘッドブランドの維持と、社会的により先を行く製品の開発を両立しようと奮闘してきた」

▶ 英文全体で「ブランドの名前やロゴでは'Mr.'を外すが、キャラクター名は変えない」という内容がいくつか出てきます。たとえば③-1に But in a tweet later that afternoon, Hasbro clarified that while the brand is changing, the actual Mr. and Mrs. Potato Head characters will still live on and be sold in stores.「しかし、ハズブロ社はその日の午後のツイートで、ブランド名は変わるが、ミスター・ポテトヘッドとミセス・ポテトヘッドという実際のキャラクターはそのまま残り、売り場にも並び続けると説明した」、④-1に While it was announced today that the POTATO HEAD brand name & logo are dropping the 'MR.' I yam proud to confirm that MR. & MRS. POTATO HEAD aren't going anywhere and will remain MR. & MRS. POTATO HEAD「ポテトヘッドのブランド名とロゴから『ミスター』が外されることが本日発表されましたが、ミスター＆ミセス・ポテトヘッドはどこにも行きませんし、ミスター＆ミセス・ポテトヘッドとしてそのまま残ることを、（じゃがいもとしての）誇りを持ってお知らせします」とあります。そして⑥-1に Hasbro appears to want to have it both ways: expand the brand, while not killing off its most iconic characters「ハズブロ社は、同社の最も象徴的なキャラクターを廃止することなく、ブランドを拡大させるという、その両方を実現したいと考えているようだ」、⑧-1に the intention of the brand name change was to be more inclusive and to have the characters still live within the Potato Head universe「ブランド名変更の目的は、インクルージョンを促進しながらも、キャラクターたちはポテトヘッドの世界観の中で生きていられるようにすること」とあります。

これに合うのは②です。この②の英文は balance A with B「AとBのバランスをとる」が使われています（この balance は動詞で、balance a career with a family「仕事と家庭のバランスをとる」のように使われる）。A は maintaining the Potato Head brand で、B は developing a more socially progressive product です。

① The brand name change of Potato Head, which reflects social diversity, is an unprecedented mark of progress in modern history.

「ポテトヘッドのブランド名変更は社会の多様性を反映しており、近代史において前例のない進歩の証である」

▶前半はOKですが、後半の「近代史において前例のない進歩」とは書かれていません。

③ In the future, this toy will be an important tool for children's education in American society.

「将来、このおもちゃはアメリカ社会における子どもの教育にとって重要な道具となるだろう」

▶ 11-1に「子どもに良い影響を与える」とはありますが、「教育に重要な道具」とは書かれていませんし、1人の発言で本文の主旨というわけではありません。

④　As seen in this case study, we can forecast the future using toy products and marketing.

「この事例研究からわかるように、私たちはおもちゃ製品とマーケティングを用いて将来を予測することができる」

▶「将来を予測する」とは書かれていません。

構文解析

1

Is it Mr. Potato Head or not?
V S   C

和訳 "ミスター"・ポテトヘッドなのか、そうでないのか。

2

① Hasbro created confusion Thursday (when it announced < that it
S   V   O   s   v   o s
would drop the "Mr." (from the brand's name) (in order to be more
v   o
inclusive and so {that} all could feel "welcome in the Potato Head
s   v   c
world)>)."

和訳 ハズブロ社は、インクルージョンをより促進し、あらゆる人々が「ポテトヘッドの世界に受け入れられている」と感じられるように、ミスター・ポテトヘッドのブランド名から「ミスター」を外すことを木曜に発表し、混乱を招いた。

語句 confusion「混乱」、announce「発表する」、drop A from B「A を B から除外する」、inclusive「包括的な・どんな人も受け入れる」、feel welcome「歓迎されていると感じる」

② It also said <{ that } it would sell a new playset this fall [without the
S   V   O   s   v   o
Mr. and Mrs. designations] [that will let kids create their own type of
                                       let O C「O に C させる」
potato families, (including two moms or two dads)]>.
                 including 〜 → 具体例！

和訳 同社はまた今秋、子どもたちが自分なりのポテトヘッド・ファミリーを作り出すことができるような、ミスターやミセスという敬称がついていない新たなおもちゃセットを販売するそうだ。ママが 2 人でも、パパが 2 人でもよいのである。

語句 designation「指定・名称・称号」

120

3

❶ But (in a tweet later that afternoon), Hasbro clarified < that (while
　　　　　　　　　　　　　　　　　　　 S　　　 V　　　 O
the brand is changing), the actual Mr. and Mrs. Potato Head characters
　　 s　　　　 v　　　　　　　　　　　 s
will still live on and be sold (in stores)>.
　　　　　 v　　　　　 v

> **和訳** しかし、ハズブロ社はその日の午後のツイートで、ブランド名は変わるが、ミスター・ポテトヘッドとミセス・ポテトヘッドという実際のキャラクターはそのまま残り、売り場にも並び続けると説明した。

> **語句** clarify「明らかにする・はっきりさせる」、live on「生き続ける」

❷ (In a picture [posted on Twitter]), the "Mr." and "Mrs." names are
　　　　　　　　　　　　　　　　　　　　　　　　 S
less prominently displayed (at the bottom of the box), (instead of the
　　　　　　　 V
top).

> **和訳** ツイッターに投稿された写真では、「ミスター」および「ミセス」の敬称がついた名前は箱の上部ではなく下部に、あまり目立たないように表示されている。

> **語句** post「投稿する」、prominently「目立つように」、display「表示する」

4

"(While it was announced today < that the POTATO HEAD brand
　　　 仮s　　　　 v　　　　　　　 真s　　　　　　　　　 s
name & logo are dropping the 'MR.'>) I yam proud to confirm < that
　　　　　　　 v　　　　　 o　　　 S　 V　　　　　　　　 O
MR. & MRS. POTATO HEAD aren't going anywhere and will remain
　　　　 s　　　　　　　　　　 v　　　　　　　　　　　　 v
MR. & MRS. POTATO HEAD>," the company tweeted.
　　　　 c　　　　　　　　　 S　　　　 V

> **和訳** 「ポテトヘッドのブランド名とロゴから『ミスター』が外されることが本日発表されましたが、ミスター&ミセス・ポテトヘッドはどこにも行きませんし、ミスター&ミセス・ポテトヘッドとしてそのまま残ることを、(じゃがいもとしての)誇りを持ってお知らせします」と同社はツイートした。

> **語句** proud「誇りを持っている」、confirm「確認する・正式に発表する」

5

1 The tweet came (after news of the brand name change exploded (on
　S　　　V　　　　　　　　　　　　　　　　　s　　　　　　　　v

Twitter)), (with people asking < if Barbie will change her name
　　　　　　付帯状況のwith　　　　　　　s　　　　v　　　　o

next>).

> **和訳** そのツイートは、ブランド名変更のニュースがツイッターで爆発的に広まった後
> に行われた。人々は、次はバービーが名前を変えるのではないかと言ったり、
>
> **語句** explode「爆発する・急上昇する」

2 "I think <{ that } Hasbro needs to drop the 'Bro' and just be 'Has,'>"
　　S　V　　　　　O　　s　　　　v　　　　　　　　　　　　　　　v　c
　　　　　　　　　　　　　　　　　　　dropとbeを並べる

another person tweeted.
　　　　S　　　　　V

> **和訳** また、「ハズブロ社は社名から『ブロ（兄・弟を表す）』を外し、『ハズ』のみに
> するべきだと思うね」とツイートした人もいた。

6

Hasbro appears to want to have it both ways: expand the brand,
　S　　　　　V　　　　　　　　O　　　　　　　　V　　　O

(while not killing off its most iconic characters, [which appeared (in

the "Toy Story" films)]).

> **和訳** ハズブロ社は、『トイ・ストーリー』の映画に登場した同社の最も象徴的なキャ
> ラクターを廃止することなく、ブランドを拡大させるという、その両方を実現し
> たいと考えているようだ。
>
> **語句** have it both ways「両方とる・両立させる」、expand「拡大する」、kill off「な
> くす」

7

1 "They are looking to broaden the franchise," said Robert Passikoff,
　　S　　　V　　　　　　V　　　　　O　　　　　V　　　　S

founder of marketing consultancy Brand Keys.
　Robert Passikoffの同格

> **和訳** 「ハズブロ社はフランチャイズの拡大を目指しているのです」と、マーケティン

グ・コンサルタント会社ブランド・キーズの創業者ロバート・パッシコフは述べた。

語句 look to ～「～を目指す・～しようとする」、broaden「拡大する」、franchise「フランチャイズ」

❷ "You take the focus of <what is essentially one character> and now
S　V　　　　　　　O
allow it to be a platform [for many characters]."
V　O　　　　　　C

和訳 「本来１つのキャラクターの重要な要素を取って、それを多くのキャラクターの基盤にしているのです」

語句 focus「焦点」、essentially「本来・本質的には」、platform「基盤・プラットフォーム」

8

Kimberly Boyd, a senior vice president at Hasbro, said <{that}the
S　　　　　　　Kimberly Boydの同格　　　　　V　　O
intention of the brand name change was to be more inclusive and to
s　　　　　　　　　　v　　c
have the characters still live (within the Potato Head universe)>.
have O C「OにCさせる」　　　　　　c

和訳 ハズブロ社の上級副社長を務めるキンバリー・ボイドは、ブランド名変更の目的は、インクルージョンを促進しながらも、キャラクターたちをポテトヘッドの作品世界の中で生きていられるようにすることだと述べた。

語句 senior vice president「上級副社長」、intention「意図・目的」、universe「宇宙・作品世界」

9

"It created a lot of excitement," she said (about the reaction).
S　V　　　　O　　　　　S　V

和訳 ブランド名変更への反響について、「大いに話題を集めましたね」と彼女は言った。

語句 excitement「興奮・大騒ぎ」、reaction「反応・反響」

10

GLAAD, an LGBTQ advocacy group, applauded the more inclusive
S　　　　　　　　　　　　　　　（GLAADの同格）　V　　　　　　　　O
Potato playset.

> **和訳** GLAADというLGBTQ権利擁護団体は、よりインクルージョンを促進するポテトヘッドのおもちゃセットを称賛した。

> **語句** advocacy「擁護・支援運動」、applaud「称賛する・拍手を送る」

11

❶ "Hasbro is helping kids to simply see toys as toys, [which encourages
　　S　　　V　　　O　　　　　　　　C
them to be their authentic selves outside of the pressures of traditional

gender norms]," said Rich Ferraro, GLAAD's chief communications
　　　　　　　　　V　　　S
officer, (in a statement).
（Rich Ferraroの同格）

> **和訳** GLAADの広報主任であるリッチ・フェラーロは、「ハズブロ社のおかげで、子どもはおもちゃを単におもちゃとしてみなすことができ、それによって子どもは従来のジェンダー規範の圧力にとらわれず、本当の自分らしくいられるのです」と声明の中で述べている。

> **語句** simply「単に」、see A as B「AをBとみなす」、encourage 人 to 〜 「 人 が〜するよう促す」、authentic「本物の・真の」、pressure「プレッシャー・圧力」、traditional「従来の」、gender「性・ジェンダー」、norm「規範」

❷ Many toymakers have updated their classic brands (in recent years),
　　　　S　　　　　　V　　　　　　O
(hoping to relate to today's kids and more accurately reflect modern
（分詞構文）
families).

> **和訳** 近年多くのおもちゃメーカーが、現代の子どもに受け入れられるよう、また、現代の家庭をより正確に反映できるよう、定番ブランドにアップデートをかけている。

> **語句** toymaker「おもちゃメーカー」、update「更新する・改訂する」、classic「昔ながらの・有名な・古典的な」、relate to 〜「〜と通じ合う」、accurately「正確に」、reflect「反映する」

12

① "It's a potato," said Ali Mierzejewski, editor in chief [at toy review
S V　C　　　V　　　　　　S
Ali Mierzejewski の同格
site *The Toy Insider*], (about the new playset).

和訳 「それは単なるジャガイモです」と、おもちゃレビューサイト「トイ・インサイダー」の編集長を務めるアリ・ミエジェフスキーは新しいおもちゃセットについて言った。

語句 editor in chief「編集長」

② " But kids like to see themselves (in the toys [they are playing with
　　　S　　 V　　 O
φ])."

和訳 「でも子どもは、遊んでいるおもちゃに自分を重ね合わせるのが好きなんです」
語句 see oneself in 〜「〜に自分の姿を投影する」

13

① Barbie, (for example), has tried to shed its blonde image and now
S　　　　　　　　　 V　　　　 O
comes (in multiple skin tones and body shapes).
V

和訳 たとえばバービー人形は、金髪のイメージを払拭しようと試みており、今や多様な肌の色や体型のものがある。
語句 shed「捨てる・取り除く」、come in 〜「〜の形で売られる・〜の形式がある」、multiple「多数の・多様な」、skin「肌」

② The Thomas the Tank Engine toy line added more girl characters.
　　　　　　 S　　　　　　　　　 V　　　 O

和訳 きかんしゃトーマスのおもちゃ製品には女の子のキャラクターがもっと追加された。
語句 line「取扱商品・ラインナップ」、add「加える」

③ And American Girl is now selling a boy doll.
　　　　 S　　　　 V　　　 O

和訳 そしてアメリカンガールは今や、男の子の人形を販売している。

|14|

❶ Mr. Potato Head first hit the toy scene in 1952, [when it didn't even
  S   V O   （関係副詞） S V

come (with a plastic potato) — kids had to supply their own vegetable
           S   V   C

[to poke eyes, a nose or mustache into φ]].

> 和訳 ミスター・ポテトヘッドが最初におもちゃ界に登場したのは1952年のことで、
> 当時はプラスチック製のジャガイモさえついてこなかった。子どもたちは目や鼻、
> 口ひげを突き刺すための野菜を自分で用意しなければならなかったのだ。

> 語句 hit the scene「登場する」、supply「支給する」、poke A into B「AをBに突
> き刺す」

❷ Hasbro, [which also makes Monopoly and My Little Pony], bought the
  S   V O

brand and eventually added a plastic spud.
        V   O

> 和訳 モノポリーやマイリトルポニーも展開しているハズブロ社が、このブランドを買
> 収し、後にプラスチック製のジャガイモを加えたのである。

> 語句 eventually「最終的に」、spud「ジャガイモ」

1 Is it Mr. Potato Head or not?

2 Hasbro created confusion Thursday when it announced that it would drop the "Mr." from the brand's name in order to be more inclusive and so all could feel "welcome in the Potato Head world." It also said it would sell a new playset this fall without the Mr. and Mrs. designations that will let kids create their own type of potato families, including two moms or two dads.

3 But in a tweet later that afternoon, Hasbro clarified that while the brand is changing, the actual Mr. and Mrs. Potato Head characters will still live on and be sold in stores. In a picture posted on Twitter, the "Mr." and "Mrs." names are less prominently displayed at the bottom of the box, instead of the top.

4 "While it was announced today that the POTATO HEAD brand name & logo are dropping the 'MR.' I yam proud to confirm that MR. & MRS. POTATO HEAD aren't going anywhere and will remain MR. & MRS. POTATO HEAD," the company tweeted.

5 The tweet came after news of the brand name change exploded on Twitter, with people asking if Barbie will change her name next. "I think Hasbro needs to drop the 'Bro' and just be 'Has,'" another person tweeted.

6 Hasbro appears to want to have it both ways: expand the brand, while not killing off its most iconic characters, which appeared in the "Toy Story" films.

7 "They are looking to broaden the franchise," said Robert Passikoff, founder of marketing consultancy Brand Keys. "You take the focus of what is essentially one character and now allow it to be a platform for many characters."

8 Kimberly Boyd, a senior vice president at Hasbro, said the intention of the brand name change was to be more inclusive and to have the characters still live within the Potato Head universe.

9 "It created a lot of excitement," she said about the reaction.

10 GLAAD, an LGBTQ advocacy group, applauded the more inclusive Potato playset.

11 "Hasbro is helping kids to simply see toys as toys, which encourages them to be their authentic selves outside of the pressures of traditional gender norms," said Rich Ferraro, GLAAD's chief communications officer, in a statement. Many toymakers have updated their classic brands in recent years, hoping to relate to today's kids and more accurately reflect modern families.

|12| "It's a potato," said Ali Mierzejewski, editor in chief at toy review site *The Toy Insider*, about the new playset. "But kids like to see themselves in the toys they are playing with."

|13| Barbie, for example, has tried to shed its blonde image and now comes in multiple skin tones and body shapes. The Thomas the Tank Engine toy line added more girl characters. And American Girl is now selling a boy doll.

|14| Mr. Potato Head first hit the toy scene in 1952, when it didn't even come with a plastic potato — kids had to supply their own vegetable to poke eyes, a nose or mustache into. Hasbro, which also makes Monopoly and My Little Pony, bought the brand and eventually added a plastic spud.

(Joseph Pisani, "Mr. Potato Head drops the mister, sort of," *AP News*. 26 February 2021, https://apnews.com/article/mr-potato-head-goes-gender-neutral-d3c178f2b9b0c424ed814657be41a9d8 より)

全文和訳

1 "ミスター"・ポテトヘッドなのか、そうでないのか。

2 ハズブロ社は、インクルージョンをより促進し、あらゆる人々が「ポテトヘッドの世界に受け入れられている」と感じられるように、ミスター・ポテトヘッドのブランド名から「ミスター」を外すことを木曜に発表し、混乱を招いた。同社はまた今秋、子どもたちが自分なりのポテトヘッド・ファミリーを作り出すことができるような、ミスターやミセスという敬称がついていない新たなおもちゃセットを販売するそうだ。ママが2人でも、パパが2人でもよいのである。

3 しかし、ハズブロ社はその日の午後のツイートで、ブランド名は変わるが、ミスター・ポテトヘッドとミセス・ポテトヘッドという実際のキャラクターはそのまま残り、売り場にも並び続けると説明した。ツイッターに投稿された写真では、「ミスター」および「ミセス」の敬称がついた名前は箱の上部ではなく下部に、あまり目立たないように表示されている。

4 「ポテトヘッドのブランド名とロゴから『ミスター』が外されることが本日発表されましたが、ミスター＆ミセス・ポテトヘッドはどこにも行きませんし、ミスター＆ミセス・ポテトヘッドとしてそのまま残ることを、誇りを持ってお知らせします」と同社はツイートした。

5 そのツイートは、ブランド名変更のニュースがツイッターで爆発的に広まった後に行われた。人々は、次はバービーが名前を変えるのではないかと言ったり、また、「ハズブロ社は社名から『ブロ（兄・弟）』を外し、『ハズ』のみにするべきだと思うね」とツイートした人もいた。

6 ハズブロ社は、『トイストーリー』の映画に登場した同社の最も象徴的なキャラクターを廃止することなく、ブランドを拡大させるという、その両方を実現したいと考えているようだ。

7 「ハズブロ社はフランチャイズの拡大を目指しているのです」と、マーケティング・コンサルタント会社ブランド・キーズの創業者ロバート・パッシコフは述べた。「本来1つのキャラクターの重要な要素を取って、それを多くのキャラクターの基盤にしているのです」

8 ハズブロ社の上級副社長を務めるキンバリー・ボイドは、ブランド名変更の目的は、インクルージョンを促進しながらも、キャラクターたちをポテトヘッドの作品世界の中で生きていられるようにすることだと述べた。

9 ブランド名変更への反響について、「大いに話題を集めましたね」と彼女は言った。

10 GLAADというLGBTQ権利擁護団体は、よりインクルージョンを促進するポテトヘッドのおもちゃセットを称賛した。

11 GLAADの広報主任であるリッチ・フェラーロは、「ハズブロ社のおかげで、子どもはおもちゃを単におもちゃとしてみなすことができ、それによって子どもは従来のジェンダー規範の圧力にとらわれず、本当の自分らしくいられるのです」と声明の中で述べている。近年多くのお

もちゃメーカーが、現代の子どもに受け入れられるよう、また、現代の家庭をより正確に反映できるよう、定番ブランドにアップデートをかけている。

12 「それは単なるジャガイモです」と、おもちゃレビューサイト「トイ・インサイダー」の編集長を務めるアリ・ミエジェフスキーは新しいおもちゃセットについて言った。「でも子どもは、遊んでいるおもちゃに自分を重ね合わせるのが好きなんです」

13 たとえばバービー人形は、金髪のイメージを払拭しようと試みており、今や多様な肌の色や体型のものがある。きかんしゃトーマスのおもちゃ製品には女の子のキャラクターがもっと追加された。そしてアメリカンガールは今や、男の子の人形を販売している。

14 ミスター・ポテトヘッドが最初におもちゃ界に登場したのは1952年のことで、当時はプラスチック製のジャガイモさえついてこなかった。子どもたちは目や鼻、口ひげを突き刺すための野菜を自分で用意しなければならなかったのだ。モノポリーやマイリトルポニーも展開しているハズブロ社が、このブランドを買収し、後にプラスチック製のジャガイモを加えたのである。

解答・解説

「『目は口ほどに物を言う』のは本当か？」

▶ 大妻女子大学

問題文は別冊 p.31

この英文を読む意義 ✦

大学入試では最新テーマがたくさん出るわけですが、言語論だけは昔から同じ内容のものもよく出ます。今回の「非言語コミュニケーション」もその1つで、「言葉より表情・口調が大事」といったことを聞いたことがあるでしょう。

しかし今回の英文は、前半で従来の研究を紹介し、後半ではその研究の「欠点」を指摘しています。「言葉より表情・口調が大事」といった内容に対して「他にも大事な非言語情報がある（ボディランゲージなど）／伝達内容や状況などの要素を無視している／言葉だって大事だ」と主張しています。今までの常識に疑問を投げかけるという最新入試のスタイルであり、これから出題が増える内容だと予想されます。

コミュニケーションの話題で欠かせない、verbal「言葉による」／nonverbal「言葉によらない・非言語の」／signal「合図」などの重要語句もたくさん出てきます。

解答

設問1	エ	設問2	ア	設問3	ア
設問4	エ	設問5	イ		

解説

設問1

正解の選択肢

エ. このルールがさらなる検証が必要であるにもかかわらず広く信じられてきたから。

▶ myth は「神話・迷信」という意味です（25ページの「予習」もチェックしてください）。今回の設問は「なぜ myth（迷信）だと言っているのか？」→「なぜそれが

131

ウソなのか？」と聞いているわけです。

③-1・2に Since then, the 55-38-7 rule has spread around the world and has become one of the biggest (1) myths about nonverbal communication. But what is actually wrong with it? 「それ以降、55-38-7ルールは世界中に広がり、非言語コミュニケーションに関する最大の迷信の1つになった。しかし実際、それのどこがいけないのだろうか？」とあります。やはりmythである以上、それは「迷信」であり、wrong「問題がある」のです。

それ以降で「The 55-38-7 rule が迷信である理由」が詳しく説明されていますが、第4段落で「単語・口調・表情の3つしか注目していない（他にも非言語情報が作用している）」、第5段落で「態度の伝達しか注目していない（伝達内容や状況も大事）」と説明し、第6段落で「The 55-38-7 rule が正しいと簡単に決めつけられない」と結論づけています。つまり、このルールを導いた研究は「他の大事な要素を見逃している・さらなる検証が必要」なのに、正しい考えとして世界中に広まってしまったので、これを表すエの選択肢が正解です。

不正解の選択肢

　　ア．このルールが誤った実験結果から導き出された正しくないものであるから。

▶あくまで「他の大事な要素を見逃している」だけで、「誤った実験結果」とは書かれていません。

　　イ．このルールがかつては有効であったが、現在はそうではないから。

▶「過去は有効だった」とは書かれていません。

　　ウ．このルールが言葉に表れないものを重視するから。

▶確かにこのルールは「言葉に表れないもの（非言語情報）を重視する」のですが、それが「このルールが迷信である」という理由ではありません。

設問2

正解の選択肢

　　ア．怒った顔をしているのに穏やかな声で話すような場合

▶ 下線部の主語（The studies above）は「55-38-7ルールに関する研究」のことで、これについて「（伝達内容や状況は考慮しないで）態度の伝達にしか注目していない／異なるシグナル（合図）が相反するという特殊な場合に限られている」と述べています。

ここでの different signals contradict each other は「異なる合図（上記の研究で注目した単語・口調・表情）が相反する」で、これに合致するアが正解です。第1・2段落の内容や、直後（⑤-3）の So it's probably true that when your partner says "thanks" in an angry way, you should watch out. 「そのため、パートナーが怒った様子で『ありがとう』と言ってきたら気をつけるべきだ、というのがおそらく正しいだろう」もヒントになります。

ちなみに、下線部は「上の実験内容」なので、選択肢を「実験でやったこと」という視点で絞っていけば残るのはアしかないのです。

不正解の選択肢

　イ．対面か電話越しかのように、発話者の発話状況が異なる場合
　▶5-1に「状況（例：電話での会話なのか対面でのおしゃべりなのか）も大事」とありますが、55-38-7ルールの研究ではこの側面は見過ごされています。
　ウ．発話者の意図が相手により異なる意味で伝わってしまう場合
　▶「相手により異なる意味で伝わる」といった内容は書かれていません。
　エ．発話者の発言内容が文脈によっては矛盾してしまう場合
　▶5-1に「状況や伝達内容も大事」とありますが、55-38-7ルールの研究ではこの側面を考慮していません。

設問3

正解の選択肢

ア．Even if you say something positive, your tone or attitude might convey the opposite.

「何か肯定的なことを言っても、口調や態度によって逆の内容が伝わってしまうかもしれない」

▶1-6〜8で、Whether the woman's attitude was perceived as negative or positive was based more on how she was speaking than on what she was saying. So for example, if she said "thanks" with a negative tone, people thought her attitude was negative. This is something you might have experienced yourself.「女性の態度が否定的と捉えられたか肯定的と捉えられたかは、発言の内容よりも、話し方による要因が大きかった。よって、たとえば、彼女が否定的な口調で『ありがとう』と言った場合、彼女の態度は否定的と考えられたのだ。皆さん自身にもこういった経験があるかもしれない」とあります。
また、第3段落以降で「このルールは必ずしも正しいとは限らない」と指摘していますが、アの選択肢ではmight「（ひょっとすると）〜かもしれない」を使っているので、本文と選択肢は合致します。mightを使うことで、「ルールが正しい」と断言することを避けている（ルールが正しいとは限らないことも考慮に入れている）わけです。

不正解の選択肢

　イ．Tone of voice influences communication more than facial expression.
「口調は表情よりもコミュニケーションに及ぼす影響が大きい」
　▶本文（55-38-7ルール）と比較関係が逆です。2-2にWhether the woman's attitude was perceived as negative or positive was based more on her facial expressions than on her tone of voice.「女性の態度が否定的と捉えられたか肯定的と捉えられたかは、口調よりも、表情による要因が大きかった」とありますし、2-4に「表情は55％、口調は38％」とありましたね。55-38-7ルールは「表情＞口調」ですが、選択肢は「表情＜口調」の関係になっています（筆者はこのルールを疑ってはいますが、比較関係には言及していません）。
　ウ．Your attitude should correspond with the meaning of words.
「態度は言葉の意味と一致しているべきだ」

▶本文で言及されていません。

エ．What words you actually say matters the most in communication.

「コミュニケーションにおいて最も重要なのは、実際に発言する言葉である」

▶6-3・4に Of course, nonverbal communication is important, but so is verbal communication! So, beware: Your words matter, too!「もちろん非言語コミュニケーションは重要だが、言語によるコミュニケーションもまた重要なのだ！よって、発する言葉もまた重要である、ということに注意するように！」とありますが、「言葉が最も大事」とは主張していません。あくまで「必ずしも55-38-7が正しいとは限らず、言葉も大事」と指摘しているだけですね。こういった「最上級」を利用したひっかけはよくあります。

※本文と選択肢のmatterは動詞「重要だ」です（25ページ）。

設問4

When you say "Thank you" to your friend in a negative tone,

「あなたが友人に対して、否定的な口調で『ありがとう』と言ったら、」

正解の選択肢

エ．your friend will appreciate your sincere thanks.

「友人にあなたの心からの感謝が伝わるだろう」

▶設問はWhen you say "Thank you" to your friend in a negative toneに続く不適切な文を選ぶものです。

1-7に So for example, if she said "thanks" with a negative tone, people thought her attitude was negative.「よって、たとえば、彼女が否定的な口調で『ありがとう』と言った場合、彼女の態度は否定的と考えられたのだ」とあるので、いくら感謝してもネガティブな感じで言えば、そのネガティブさが伝わってしまうのです。

これと矛盾する選択肢がエです。appreciateは「よく理解する・ありがたく思う」といった意味です。他の選択肢はすべて「友人に警戒される／感謝しているように聞こえない／混乱する」というネガティブな内容です。

不正解の選択肢

ア．you might make your friend cautious about you.

「あなたは友人に警戒されるかもしれない」

イ．you will not sound grateful.

「感謝しているようには聞こえないだろう」

ウ．your friend is likely to get confused.

「友人はきっと混乱するだろう」

設問5

正解の選択肢

イ．The problem with the 55-38-7 rule is that it ignores other various elements, both verbal and nonverbal.

「55-38-7ルールの問題は、言語によるものも、言語によらないものも、他の
さまざまな要素を無視していることだ」

▶「55-38-7ルール」の問題点は、④-1・2にOne problem is that the rule
only looks at three things: the words, the tone of voice and the facial
expression. But when we communicate with each other, a lot of other
nonverbal signals also play a role. 「問題の1つは、このルールは単語、口調、
表情という3つの項目にしか着目していないということだ。しかし私たちがコミュニ
ケーションを取り合う時には、他にも多くの非言語情報が作用している」、⑤-1に
Moreover, the importance of verbal and nonverbal communication
depends on what is being communicated (〜) and on the context (〜).「さ
らに、言語コミュニケーションおよび非言語的コミュニケーションの重要性は、伝
達されている内容 (〜) や状況 (〜) によって左右される」とあります。「他の大事
な要素 (言葉・口調・表情以外の非言語情報／伝達内容・状況) を無視している」
と指摘しているわけです。

不正解の選択肢

ア．The importance of nonverbal communication has been less recognized than
verbal communication.

「非言語コミュニケーションの重要性は、言語コミュニケーションの重要性に比べてあまり認
識されていない」

▶本文では「非言語情報の方が言語情報より重要」と紹介されていますが、「どちらの重要
性が認識されているか?」という比較は書かれていません。

ウ．We need to establish a general rule for human communication as soon as
possible.

「私たちはできる限り速やかに、人間のコミュニケーションに関する不変的な法則を確立する
必要がある」

▶⑥-2にIt is impossible to find a general rule, like the 55-38-7 rule, that applies
to all communicative situations. 「55-38-7ルールのような、あらゆるコミュニケーション
の状況に当てはまる普遍的な法則を見つけることは不可能である」とあります。

エ．The words we say is not so important as bodily gestures in communication.

「コミュニケーションにおいて、私たちが発する言葉は、体を使ったジェスチャーほど重要で
はない」

▶この選択肢の内容は「従来考えられてきたこと」です。また、本文では最終段落で「言葉
も大事」と言っています。

Where does the 55-38-7 rule come from?
S   V

和訳 55-38-7ルールは何に由来しているのか？

語句 come from ～ 「～に由来する」

1

① <u>These numbers</u> <u>are based on</u> <u>two studies</u> [from the seventies] [by
S   V   O

Albert Mehrabian and colleagues].

> **和訳** これらの数字は、1970年代にアルバート・メラビアンらが行った2つの研究に
> 基づいている。
>
> **語句** be based on ～ 「～に基づいている」、colleague「同僚」

② (In the first study), <u>participants</u> <u>watched</u> <u>short video clips of a woman</u>
     S   V   O (動名詞の意味上の主語)

<u>saying different words</u>.

> **和訳** 1つ目の研究では、被験者は女性がさまざまな単語を発している短い動画クリ
> ップを見た。

③ <u>Words</u> <u>were</u> either positive (e.g. thanks), neutral (e.g. maybe) or
S   V   C

negative (e.g. terrible) (in meaning).

> **和訳** 単語は肯定的な意味のもの（例：ありがとう）もあれば、中立的な意味のもの
> （例：たぶん）もあれば、否定的な意味のもの（例：ひどい）もあった。
>
> **語句** positive「肯定的な」、e.g.「例」、neutral「中立的な」、negative「否定的な」

④ <u>She</u> also <u>said</u> <u>each word</u> (in a positive, neutral or negative tone of
S   V   O

voice).

> **和訳** 彼女はまた、それぞれの単語を肯定的な口調、中立的な口調、否定的な口調
> で発した。
>
> **語句** tone of voice「声のトーン・口調」

5 The participants had to imagine <{ that } the woman was saying this
　　　S　　　　　　　V　　　　　　O　　　　s　　　　　v　　　　o
word (to another person)>, and had to judge <how positive the
　　　　　　　　　　　　　　　　and　　　V　　　　　　　s
woman's attitude was (towards the other person)>.
　　　　　　　　　　　v

> 和訳　被験者はその女性がその単語を別の人物に言っている様子を想像し、女性が
> その相手に対してどれだけ肯定的な態度かを判定するよう求められた。

> 語句　judge「判定する」、attitude「態度」

6 < Whether the woman's attitude was perceived (as negative or
　　　　　S　　　　　s　　　　　　　v
positive)> was based more on < how she was speaking> than on
　　　　　　　V　　　　　　　　O　　s　　　v
<what she was saying φ >.

> 和訳　女性の態度が否定的と捉えられたか肯定的と捉えられたかは、発言の内容より
> も、話し方による要因が大きかった。

> 語句　perceive「受け止める」

7 So (for example), (if she said "thanks" (with a negative tone)), people
　　　　　　　　　　　　s　v　　o　　　　　　　　　　　　　S
thought <{ that } her attitude was negative>.
　V　　　　O　　s　　　v　　c

> 和訳　よって、たとえば、彼女が否定的な口調で「ありがとう」と言った場合、彼女の
> 態度は否定的と考えられたのだ。

8 This is something [you might have experienced φ yourself].
　　　S　V　C

> 和訳　皆さん自身にもこういった経験があるかもしれない。

2

1 (In a similar experiment), the researchers then compared tone of voice
　　　　　　　　　　　　　　　　S　　　　　　　V　　　O
(to facial expressions).

> 和訳　似たような実験で、研究者らは次に口調と表情を比較した。

> 語句　experiment「実験」、compared A to B「AとBを比較する」、facial expression

「表情」

2 < Whether the woman's attitude was perceived (as negative or
　　　S　　　　　　　　　　　　　s　　　　v
positive)> was based more on her facial expressions than on her tone
　　　　　　　V　　　　　　　O
of voice.

> **和訳** 女性の態度が否定的と捉えられたか肯定的と捉えられたかは、口調よりも、表
> 情による要因が大きかった。

3 So (if the woman had a positive tone but an angry face), people
　　　　　　S　　　V　　　　　O　　　　　　　　　　　S
judged her attitude (as negative).
　V　　　　O

> **和訳** よって、女性の口調は肯定的だが表情は怒っていた場合、彼女の態度は否定
> 的と判定されたのだ。

4 The researchers then combined the results [from the two studies], and
　　　S　　　　　　　　V　　　　　O
said < that the communication of attitudes is 55% due to facial
　V　　O　　　　　　s　　　　　　　　v　　　　　c (因果表現)
expression, 38% to tone of voice, and only 7% due to the words [that
are actually said]>.

> **和訳** 研究者らは次に、2つの研究結果を組み合わせ、態度がどのように伝わるかは、
> 55%が表情、38%が口調によるもので、実際に発する単語は要因の7%にしか
> 過ぎないと述べた。

> **語句** combine「組み合わせる」、communication「伝達・コミュニケーション」

5 This is < how the 55-38-7 rule was born>....
　　　S　V　　C　　　　　s　　　　　v
> **和訳** このようにして55-38-7ルールは生まれたのである…

138

What is wrong (with the 55-38-7 rule)?
　　　　　　　　　　V　　　C

和訳 55-38-7ルールの問題とは？

3

❶ (Since then), the 55-38-7 rule has spread (around the world) and has
　　　　　　　　　　　S　　　　　　V　　　　　　　　　　　　　　V

become one of the biggest myths [about nonverbal communication].
　　　　　　　　　　C

和訳 それ以降、55-38-7ルールは世界中に広がり、非言語コミュニケーションに関する最大の迷信の一つになった。

❷ But what is actually wrong (with it)?
　　　　　　V　　　　　C

和訳 しかし実際、それのどこがいけないのだろうか？

4

❶ One problem is < that the rule only looks at three things: the words,
　　　S　　　　V　　　C　　s　　　　　v　　　　　o　コロン (:) → 具体化

the tone of voice and the facial expression>.

和訳 問題の1つは、このルールは単語、口調、表情という3つの項目にしか着目していないということだ。

❷ But (when we communicate (with each other)), a lot of other
　　　　　　s　　v　　　　　　　　　　　　　　　　　S

nonverbal signals also play a role.
　　　　　　　　　　V　　O

和訳 しかし私たちがコミュニケーションを取り合う時には、他にも多くの非言語情報が作用している。

語句 signal「合図・メッセージ」、play a role「役割を果たす・作用する」

❸ (During conversations), we use our hands (to point at things), we nod
　　　　　　　　　　　　　　S　V　　O　　　　　　　　　　　　　S　V

(when we agree with something), we move our bodies backwards
　　s　　v　　　　　o　　　　　S　　V　　　O

(when we are surprised)...
　　s　v　　c

和訳 会話中、私たちは手を使って物を指差したり、何かに同意する際には頷いたり、驚いた時には体をのけぞらせたりする。

語句 point at ～「～を指さす」、nod「頷く」、backwards「後ろへ」

4 The percentages [for these other signals [from the hands, head, mouth,
　　　　　　　　S
eyes, and body]], are not included (in the rule).
　　　　　　　　　V

和訳 そういった手、頭、口、目、体による他の合図の割合はそのルールに含まれていない。

5

1 (Moreover), the importance of verbal and nonverbal communication
　　　　　　　　　　　　　　　S
depends on <what is being communicated (for example: emotions
　V　　　　O
versus factual information)> and on <the context (for example: talking
on the phone versus chatting face-to-face)>.

和訳 さらに、言語コミュニケーションおよび非言語的コミュニケーションの重要性は、伝達されている内容（例：感情なのか事実情報なのか）や状況（例：電話での会話なのか対面でのおしゃべりなのか）によって左右される。

語句 emotion「感情」、versus「対」、factual「事実の」、context「状況・文脈」、face-to-face「対面で」

2 The studies above only looked at the communication of attitudes, and
　　　　S　　　　　　　V　　　　　　O
only (in the specific case [where different signals contradict each
　　　　　　　　　　　　（関係副詞）
other]).

和訳 上記の研究は、態度の伝達にしか着目しておらず、しかも異なる合図が相反するという特殊な場合に限られている。

語句 contradict each other「相反する」

3 (So) it's probably true <that (when your partner says "thanks" (in an
　　　仮SV　　　　C　　　真S　　　　s　　　　v　　o

angry way)), you should watch out>.
　　　　　　　　S　　　　V

和訳 そのため、パートナーが怒った様子で「ありがとう」と言ってきたら(何か裏があるのではないかと)注意するべきだ、というのがおそらく正しいだろう。

語句 partner「パートナー・配偶者」、watch out「気をつける」

④ (However), this does (of course) not mean < that (whenever we
　　　　　　　　　S　　V　　　　　　　　　　　　O　　　whenever　s
communicate (with someone else)), <what we say φ > is not
　　v　　　　　　　　　　　　　　　　what we say　　　is not
important>!
　C

和訳 しかし、だからといって、私たちが他の誰かとコミュニケーションを取る時に発言の内容が重要でないかというと、もちろんそうではないのだ!

6

① (So) we cannot simply say < that 93% of communication is
　　　S　　　V　　　　　　　O　　　　　　　s　　　　　　v
nonverbal>.
　C

和訳 よって私たちは、コミュニケーションの93%が非言語情報によるものだと簡単に決めつけることはできない。

② It is impossible to find a general rule, [like the 55-38-7 rule], [that
仮S V　　C　　真S
applies to all communicative situations].

和訳 55-38-7ルールのような、あらゆるコミュニケーションの状況に当てはまる普遍的な法則を見つけることは不可能である。

語句 general「一般的な・普遍的な」、apply to 〜「〜に当てはまる・〜に適用される」、communicative「コミュニケーションの・伝達の」

③ (Of course), nonverbal communication is important, but so is verbal
　　　　　　　　　　S　　　　　　　　V　　C　　　　　　V　S
communication!
So V S「Sもそうだ」

和訳 もちろん非言語コミュニケーションは重要だが、言語によるコミュニケーションもまた重要なのだ!

141

4 (So), beware: Your words matter, too!
        V   S   V

> **和訳** よって、発する言葉もまた重要である、ということに注意するように！

> **語句** beware「注意する」、matter「重要である」

確かにコミュニケーションは難しい。
でも現実の人間関係に比べれば、
入試の英文なんて簡単だよ。
今日もしっかり音読しよう！

 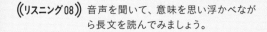

Where does the 55-38-7 rule come from?

1 These numbers are based on two studies from the seventies by Albert Mehrabian and colleagues. In the first study, participants watched short video clips of a woman saying different words. Words were either positive (e.g. thanks), neutral (e.g. maybe) or negative (e.g. terrible) in meaning. She also said each word in a positive, neutral or negative tone of voice. The participants had to imagine the woman was saying this word to another person, and had to judge how positive the woman's attitude was towards the other person. Whether the woman's attitude was perceived as negative or positive was based more on how she was speaking than on what she was saying. So for example, if she said "thanks" with a negative tone, people thought her attitude was negative. This is something you might have experienced yourself.

2 In a similar experiment, the researchers then compared tone of voice to facial expressions. Whether the woman's attitude was perceived as negative or positive was based more on her facial expressions than on her tone of voice. So if the woman had a positive tone but an angry face, people judged her attitude as negative. The researchers then combined the results from the two studies, and said that the communication of attitudes is 55% due to facial expression, 38% to tone of voice, and only 7% due to the words that are actually said. This is how the 55-38-7 rule was born....

What is wrong with the 55-38-7 rule?

3 Since then, the 55-38-7 rule has spread around the world and has become one of the biggest myths about nonverbal communication. But what is actually wrong with it?

4 One problem is that the rule only looks at three things: the words, the tone of voice and the facial expression. But when we communicate with each other, a lot of other nonverbal signals also play a role. During conversations, we use our hands to point at things, we nod when we agree with something, we move our bodies backwards when we are surprised... The percentages for these other signals from the hands, head, mouth, eyes, and body, are not included in the rule.

5 Moreover, the importance of verbal and nonverbal communication depends on what is being communicated (for example: emotions versus factual information) and on the context (for example: talking on the phone versus chatting face-to-face). The studies above only looked at the communication of attitudes, and only in the specific case where different signals contradict each other. So it's probably true that when your partner says "thanks" in an angry way, you should watch out. However, this does of course not mean that whenever we communicate with someone else, what we say is not important!

6 So we cannot simply say that 93% of communication is nonverbal. It is impossible to find a general rule, like the 55-38-7 rule, that applies to all communicative situations. Of course, nonverbal communication is important, but so is verbal communication! So, beware: Your words matter, too!

(Bekke, Marlijn ter. "This is why '93% of communication is nonverbal'is a myth". Donders Wonders, 6 July 2020. <https://blog.donders.ru.nl/?p= 12172&lang=en>
（なお、一部表記を改めたところがある））

全文和訳

55-38-7ルールは何に由来しているのか？

1 これらの数字は、1970年代にアルバート・メラビアンらが行った2つの研究に基づいている。1つ目の研究では、被験者は女性がさまざまな単語を発している短い動画クリップを見た。単語は肯定的な意味もの（例：ありがとう）もあれば、中立的な意味のもの（例：たぶん）もあれば、否定的な意味のもの（例：ひどい）もあった。彼女はまた、それぞれの単語を肯定的な口調、中立的な口調、否定的な口調で発した。被験者はその女性がその単語を別の人物に言っている様子を想像し、女性がその相手に対してどれだけ肯定的な態度かを判定するよう求められた。女性の態度が否定的と捉えられたか肯定的と捉えられたかは、発言の内容よりも、話し方による要因が大きかった。よって、たとえば、彼女が否定的な口調で「ありがとう」と言った場合、彼女の態度は否定的と考えられたのだ。皆さん自身にもこういった経験があるかもしれない。

2 似たような実験で、研究者らは次に口調と表情を比較した。女性の態度が否定的と捉えられたか肯定的と捉えられたかは、口調よりも、表情による要因が大きかった。よって、女性の口調は肯定的だが表情は怒っていた場合、彼女の態度は否定的と判定されたのだ。研究者らは次に、2つの研究結果を組み合わせ、態度がどのように伝わるかは、55％が表情、38％が口調によるもので、実際に発する単語は要因の7％にしか過ぎないと述べた。このようにして55-38-7ルールは生まれたのである…

55-38-7ルールの問題とは？

3 それ以降、55-38-7ルールは世界中に広がり、非言語コミュニケーションに関する最大の迷信の一つになった。しかし実際、それのどこがいけないのだろうか？

4 問題の1つは、このルールは単語、口調、表情という3つの項目にしか着目していないということだ。しかし私たちがコミュニケーションを取り合う時には、他にも多くの非言語情報が作用している。会話中、私たちは手を使って物を指差したり、何かに同意する際には頷いたり、驚いた時には体をのけぞらせたりする。そういった手、頭、口、目、体による他の合図の割合はそのルールに含まれていない。

5 さらに、言語コミュニケーションおよび非言語的コミュニケーションの重要性は、伝達されている内容（例：感情なのか事実情報なのか）や状況（例：電話での会話なのか対面でのおしゃべりなのか）によって左右される。上記の研究は、態度の伝達にしか着目しておらず、しかも異なる合図が相反するという特殊な場合に限られている。そのため、パートナーが怒った様子で「ありがとう」と言ってきたら（何か裏があるのではないかと）注意するべきだ、というのがおそらく正しいだろう。しかし、だからといって、私たちが他の誰かとコミュニケーションを取る時に発言の内容が重要でないかというと、もちろんそうではないのだ！

6 よって私たちは、コミュニケーションの93％が非言語情報によるものだと簡単に決めつける

ことはできない。55-38-7ルールのような、あらゆるコミュニケーションの状況に当てはまる普遍的な法則を見つけることは不可能である。もちろん非言語コミュニケーションは重要だが、言語によるコミュニケーションもまた重要なのだ！　よって、発する言葉もまた重要である、ということに注意するように！

さあ、残りはあと2つだけ！
問題集を1冊仕上げる
感動と達成感まであと少し！

解答・解説

「動物園は残酷!?」

▶ 金城学院大学 (文・生活環境・国際情報・人間科・薬)

問題文は別冊 p.36

この英文を読む意義

今まで「動物園のマイナス面」なんて一度も教えられたことがないという高校生はすごく多いのですが、実際には「動物園の是非」に関する議論がよくあります。すでに慶應の長文では「動物園廃止の是非」が出ていますし、英検準1級でも「動物園で動物を飼うことは許されるのか?」という英作文が出たこともあります。

動物園の役割として、「娯楽」以外に「種の保存」「動物を学ぶ機会の提供」「調査・研究」などがあります。しかし、今回の英文はそんな動物園の役割をある程度認めながらも疑問を呈し、「動物が狭い環境で暮らすのは良くない」「動物園で飼育された後に野生環境に戻るのは難しい」などと主張しています。今回の英文で、動物園の役割に関する賛否をしっかり理解しておきましょう。

余談ですが、大学生になって海外旅行をするとき、動物園に行ってみると楽しいですよ。特にシンガポールやオーストラリアの動物園は柵がない場合が多く (水辺や島などを作って区切る)、より野生に近い感覚で楽しめます (柵がないのは動物への配慮でもあります)。

解答

問1 ①	問2 ①	問3 ④	問4 ④
問5 ②	問6 ②	問7 ③	

問1

正解の選択肢

① He claimed he knew nothing about the accident.

「彼はその事故について何も知らないと主張した」

▶ 本文のclaimは「主張する」という意味で、claim that 〜 「〜だと主張する」の形です。同じ意味で使われているのは①です。これもclaim {that} 〜 の形です。形が同じだから意味も同じとは限りませんが、形がヒントになることはよくあります。

※SV that 〜 の形では、動詞が「思う・言う」という意味になるのが原則でしたね (57ページ)。今回も「言う」という意味です。

不正解の選択肢

② She claimed the right to know the truth.

「彼女は真実を知る権利があると主張した」

▶ 「(権利などを) 要求する・主張する」の意味です。本文はあくまで「(that節以下の) 内容」を主張していますが、選択肢は「権利・(権利の) 所有」を主張しているためアウトです (形も違います)。

③ The earthquake claimed so many lives.

「その地震によって非常に多くの命が奪われた」

▶ 「(命を) 奪う」の意味です。少し難しいですが、災害系の英文ではよく出ますし、海外ニュースでも頻出です。

④ Where should I claim my suitcase?

「スーツケースはどこで受け取ればいいですか?」

▶ 「(自分の所有物として) 要求する・自分のものと言う」の意味です。ちなみに飛行機に乗ったとき、荷物を預けて、シールをもらいます。それをbaggage claim tagと言います。「自分の荷物だと主張するためのタグ」という意味なんです。

問2

正解の選択肢

① Animal behavior depends on their living environment in zoos.

「動物の行動は、動物園内の生活環境に左右される」

▶ 下線部の英文は、主語がThe conditions under which animals are kept in zoosで、動詞はchange、そしてその目的語がtheir behaviorです。ざっくりの意味は「飼育状況が動物の行動を変える」→「飼育状況によって、動物の行動が変わる」ということです。

これに意味が近いのは①です。この選択肢で使われているdepend on 〜 は「〜に頼る」の訳語ばかり有名ですが、長文では「〜によって決まる・〜次第だ」で使

われるほうが多いのです。Animal behavior depends on 〜「動物の行動は〜によって決まる」と考えればOKです。

不正解の選択肢

② Animals are kept in such zoos as can change their behavior.
「動物は、動物の行動を変えうるような動物園で飼育されている」
▶ 選択肢のasは関係代名詞で、such zoosを修飾しています（先行詞にsuchなどがつくときは関係代名詞asが使われることがある）。ただし、この英文自体が少し不自然なのでスルーしてOKです。

③ The condition of animal behavior can change the zoo.
「動物の行動の状態は動物園を変えうる」

④ The conditions of the zoos vary according to animal behavior.
「動物園の状態は動物の行動にともなって変わる」
▶ 本文は「環境によって動物の行動が変わる」、選択肢③・④は「動物の行動によって環境が変わる」です。選択肢④のvary according to 〜「〜によって変わる」は大事な表現です（167ページのvary depending on 〜 と同じ意味で、特に実験・研究系の英文で大事）。

問3

正解の選択肢

④ symptoms「兆候・症状」
▶ 下線の直後から「zoochosis（つまりabnormal behavior which includes 〜 のこと）のサイン」ということです。これに合うのは、④ symptoms「兆候・症状」です。signは長文で非常に重要なので「予習」（26ページ）をしっかりチェックしておいてください。

不正解の選択肢

① gestures「身ぶり」　② signatures「署名」　③ symbols「象徴」

問4

正解の選択肢

④ There is little people can learn by watching wild animals suffering in terrible living conditions.
「ひどい生活環境に苦しんでいる野生動物を見ることによって得られる学びはほとんどない」
▶ ②-6以降は「動物園の飼育状況は動物にマイナスの影響を与える」という内容です。②-10に「動物園で飼育されている動物は異常行動の兆候を示す」とあり、②-12ではその具体例（異常行動を示したホッキョクグマ）を挙げています。
※文章中にBristol zooやEnglandなどの「固有名詞」があれば、「具体例」の合図になります。これは長文読解でものすごく役立つルールです。

そして、該当箇所（②-13）は How can people observe wild animals under such conditions and believe that they are being educated? です。この疑問文は「一体どうしたら〜を観察して、〜と思えるというのだろうか?」→「いや、そんなことはない（学べない）」という反語です。これに近い意味なのは④です。

※ How can[could] 〜?「一体どのように〜できるというのだろうか（できない!）」の形は反語になることが多いです。

不正解の選択肢　※本文は「学びを得られない」という方向性ですが、以下の選択肢はすべて「学びを得られる」という方向性なのでアウトです。

① It is under such terrible conditions that people are being educated by watching wild animals.
「人々が野生の動物を見て学びを得ているのは、そのようなひどい環境下においてのことだ」
▶ It is 〜 that …「…するのは（なんと）〜だ」という強調構文です。

② People can surely be educated properly by observing wild animals living in such conditions.
「人々は、そのような環境下で暮らす野生動物を見ることによって、確実に正しい学びを得ることができる」

③ People cannot see wild animals living under such conditions without believing they can learn something.
「人々は、そのような環境下で暮らす野生動物を見ると必ず、何かを学べていると思う」
▶ not 〜 without …「…しないで〜しない」→「〜すると必ず…する」という二重否定です。

問5

<u>正解の選択肢</u>

② People can learn about wild animals best by observing them in their natural homes.
「人々は自然の生息地に暮らす野生動物を観察することによって野生動物について学ぶことができる」
▶ ②-13 で「動物園で学びは得られない」と主張した後、②-14 に To learn about wild animals one must observe them in the wild where they live.「野生動物について学ぶためには、彼らの暮らす野生環境で観察する必要がある」とあります（ここでの one は「人々」という意味）。この内容と合致する②が正解です。本文の in the wild where they live「動物が住んでいる野生環境」が、選択肢では in their natural homes「動物の自然の生息地」に言い換えられています。

<u>不正解の選択肢</u>

① Lack of space, lack of interest, lack of company and an unsuitable diet help wild animals grow.
「スペース、関心事、仲間が足りないことや、不適切な食生活によって野生動物の成長が促進される」

▶2-11に It is caused by lack of space, lack of interest, lack of company, and an unsuitable diet.「それはスペース、関心事、仲間が足りないことや、不適切な食生活によって引き起こされる」とあります（文頭Itは「異常行動」のこと）。

③ Zoos are showing us wonders of nature and its wild animals.
「動物園は私たちに自然および野生動物の神秘を見せてくれている」

▶2-5に Zoos say they give people the opportunity to see the wonders of nature and its wild animals.「動物園は、自然の神秘およびそこに暮らす野生動物を目にする機会を人々にもたらしているのだと言う」とあるものの、この後でその内容を否定しています。

④ Zoos can make a profit by educating the public about wild animals.
「動物園は一般の人々に野生動物についての教育をすることによって利益を出すことができる」

▶2-4で This is what sells the tickets and pays the bills.「それ（＝人々が娯楽のために動物園に行くこと）によってチケットが売れ、請求書の支払いをすることができる」と利益について述べていますが、「教育をすることで利益を出せる」とは書かれていませんし、後半では動物園の飼育環境に否定的です。

問6

正解の選択肢

② One of the successes in breeding animals in zoos is with tamarins.

「動物園における動物飼育の成功の一例はタマリンに関するものだ」

▶3-6・7に It is true that zoos have had several success stories with zoo-bred animals. One was the golden lion tamarin, a species of monkey, which 〜「動物園育ちの動物に関する成功例がいくつかあるのは事実だ。1つはゴールデン・ライオン・タマリンというサルの一種で〜」とあるので、②が正解です。golden lion tamarinという具体的な種類を挙げて「動物園における動物飼育」の例を示しているわけです。

不正解の選択肢

① Most animals need the help of the zoo in breeding.
「ほとんどの動物は繁殖の際に動物園の手助けを必要とする」

▶3-4に However, most animals do not need help in breeding; they have been doing it for a long time without any help.「しかしほとんどの動物は、繁殖するのに助けを必要としていない。だって彼らは長い間、何の助けもなしに繁殖してきたのだから」とあります。

③ Today, five to ten percent of endangered animals live in zoos.
「今日、絶滅危惧種の5〜10パーセントは動物園に住んでいる」

▶3-2に Out of about 10,000 zoos that exist around the world, only about 500 register their animals with an international species database, and only about five or ten percent of these actually work with endangered species.「世界中に存在する約10,000か所の動物園のうち、飼育している動物を国際的な生物データベースに登録して

いる園はたったの約500か所であり、そのうち実際に絶滅危惧種を取り扱っているのはほんの約5～10パーセントである」とあります。本文と選択肢で同じ数字（fiveやten percent）を使っているものの内容はまったく違います。

④　Zoo-bred animals can usually return to the wild smoothly.
「動物園育ちの動物は通常、やすやすと野生環境に戻ることができる」

▶ ③-8 に Over 100 tamarins were bred in zoos, and when they were released into the wild, only 30 survived.「100匹以上のタマリンが動物園で飼育されたが、野生環境に放たれると、生き残ったのはたったの30匹だった」、③-10に It is a risky business to re-introduce zoo-bred animals to the wild「動物園育ちの動物を再び野生環境に放つのは危険なことだ」とあります。

問7

正解の選択肢

③　In order to protect animals and learn about them, we should help them live in their natural homes rather than keeping them in zoos.

「動物を守り、動物について学ぶためには、動物を動物園で飼育するのではなく、動物が自然の生息地で暮らせるように手助けすべきだ」

▶ 第2段落では「動物園より野生環境で観察することで、動物について学べる」という主張です。第3段落でも同じく「動物が繁殖するのに動物園の助けはいらない／動物園で飼育されてから野生環境に放たれると危険」と主張しています。
そして、④-3・4で One solution is to protect the natural homes or habitats of animals. Another possibility is to have habitat preserves where wild animals live with the least possible human interference.「解決策の1つは、自然界にある動物の生息地を保護することだ。もう1つの方法は、人間の干渉を最小限にしか受けずに野生動物が暮らせる生息地保護区域を設けることだ」と結論づけています。一貫して「（動物園より）野生環境・自然の生息地で暮らせるようにすることが大事」と主張しているので、③が正解です。
選択肢はA rather than B「BというよりもむしろA・BではなくA」という表現を使って、「動物園での飼育」と「自然の生息地で暮らすことの手助け」を対比しています（30ページ）。

不正解の選択肢

①　For the purpose of protecting and learning about animals, people should stop capturing wild animals.

「動物を守り、動物について学ぶという目的のために、人々は野生動物の捕獲をやめるべきだ」

▶ ④-6 に Nonetheless, there also has to be an international effort to control pollution and the illegal capturing of endangered species.「とはいえ、汚染および絶滅危惧種の違法な捕獲を規制するための国際的な試みもまた必要である」とはありますが、全体を通して「野生動物の捕獲をやめるべき」と主張しているわけではありません。

② If we want to protect animals and learn about them, we need to keep in mind that redirecting zoo-bred animals to the wild is very risky.

「動物を守り、動物について学びたいのなら、動物園育ちの動物を野生環境に戻すことは非常に危険であると心に留めておかなくてはならない」

▶③-10にこの内容がありますが、これは自然の生息地で暮らすほうがよいと主張する理由の1つです。全体の主旨ではありません。

④ It is very important for zoos to consider training animals to return them to the wild so that we can protect and learn from them.

「私たちが動物を守り、動物から学べるように、動物を野生環境に戻すための訓練を動物園が検討することは非常に重要である」

▶「動物園が訓練を検討することが大事」といった内容は出てきません。

1

① It was (in 1826) that the Zoological Society was founded (in London).
　　　　　強調構文　　　　　　　　　　　　　　S　　　　　　　　V

　　和訳 1826年、ロンドンで動物学会 (Zoological Society) が設立された。

　　語句 found「設立する (found-founded-foundedという変化)」

② (In 1867), the title was shortened (to zoo).
　　　　　　　　S　　　　V

　　和訳 1867年にその名称は動物園 (zoo) に短縮された。

　　語句 title「名称」、shorten「短縮する」

③ (Later on) (in 1892), the English man Henry Salt, (in his book *Animal*
　　　　　　　　　　　　　　　S

Rights), was one of the first [to protest against keeping animals in
　　　　　V　　　　C

cages].

　　和訳 その後1892年になって、イギリス人男性ヘンリー・ソルトが著書『動物の権利』
　　　　　の中でいち早く、動物を檻の中に閉じ込めておくことに対する抗議を行った。

　　語句 protest against 〜「〜に対して抗議する」、cage「檻」

④ He did not like the idea (because of the way [the animals were
　　　S　　V　　　　O　　　　　　因果表現

confined] and also the way [animals [in zoos] "lose their character]).”

　　和訳 彼は、動物の閉じ込められ方や、また、園内の動物が「特性を失う」さまを理由
　　　　　に、それに反対した。

　　語句 character「個性・特性」

⑤ (Since then), many people have criticized zoos (for these reasons).
　　　　　　　　　　S　　　　　　V　　　　　O

　　和訳 それ以降、多くの人々がそういった理由で動物園を批判してきた。

　　語句 criticize「批判する」

❻ (However), zoos claim < that their role is to educate the public and
        S   V   O   s   v   c

conserve animals>.

> 和訳 しかし動物園側は、一般の人々への教育を行って動物を保護するのが園の役
> 割だと主張している。

> 語句 claim「主張する」、role「役割」、educate「教育する」、the public「一般の
> 人々」

❼ These aims are not bad (in themselves).
      S   V   C

> 和訳 そういった目的は、それ自体は悪いものではない。

> 語句 aim「目的」、in oneself「それ自体で」

❽ It is the way [in which they are carried out] that we must consider.
              O   S   V
  強調構文

> 和訳 私たちが考えなくてはいけないのは、どのような方法でそれが行われるかという
> ことだ。

> 語句 carry out 〜「〜を実行する」

2

❶ Zoos claim < that they have an important educational function>.
     S   V   O   s   v   o

> 和訳 動物園は、自分たちは重要な教育的機能を有していると主張する。

> 語句 educational「教育的な」、function「機能」

❷ Is this true?
  V   S   C

> 和訳 それは本当だろうか?

❸ (In reality) most people go (to zoos) (for entertainment).
                    S   V

> 和訳 実際には、ほとんどの人々が動物園に行くのは娯楽のためだ。

❹ This is <what sells the tickets and pays the bills>.
     S   V   C

> **和訳** それによってチケットが売れ、請求書の支払いをすることができる。
>
> **語句** pay a bill「勘定をする・支払いをする」

❺ <u>Zoos</u> <u>say</u> <{ |that| } <u>they</u> <u>give</u> <u>people</u> <u>the opportunity</u> [to see the wonders
  S   V   O   s   v   o   o

of nature and its wild animals]>.

> **和訳** 動物園は、自然の神秘およびそこに暮らす野生動物を目にする機会を人々にもたらしているのだと言う。
>
> **語句** opportunity「機会」、wonder「不思議・驚異」、wild「野生の」

❻ (In fact), <u>they</u> <u>are showing</u> <u>us</u> <u>animals</u> [that have lost their dignity]:
            S   V   O   O

animals [with sad and empty eyes].

> **和訳** しかし実際には、動物園が私たちに見せているのは、尊厳を失った動物、つまり悲しそうで虚ろな目をした動物である。
>
> **語句** dignity「尊厳」

❼ <u>The conditions</u> [under which animals are kept (in zoos)] <u>change</u> <u>their</u>
            S   V   O

behavior.

> **和訳** 園内の飼育環境によって動物の行動は変わる。
>
> **語句** condition「条件・状態・環境」、behavior「行動」

❽ <u>Animals</u>, (like humans), <u>are affected</u> (by their environment).
      S   V

> **和訳** 動物は人間と同様、環境に影響を受けるものなのだ。
>
> **語句** affect「影響を及ぼす」

❾ (After months and years [in a cage] [without any interest]), <u>animals</u>
                                                              S

<u>begin to lose</u> <u>their natural characteristics</u>.
      V   O

> **和訳** 興味を惹かれるものが何もないまま檻の中で年月を重ねると、動物は次第に本来の特性を失っていく。

語句 interest「興味・関心」、natural「自然の」、characteristic「特性」

❿ Many animals [in zoos] get signs of "zoochosis," abnormal behavior
　　　　S　　　　　　　　　V　　　O　　　　　　　　zoochosisの同格
[which includes endlessly pacing up and down and rocking (from side
　　　　　　　　　　　　　　　　　　　　　2つの -ing を結ぶ
to side)].

和訳 動物園で飼育されている多くの動物は「ズーコシス」という、延々とうろうろし
たり左右に揺れたりといった異常行動の兆候を示す。

語句 abnormal「異常な」、endlessly「際限なく・延々と」、pace up and down「行
ったり来たりする・うろうろする」、rock from side to side「左右に揺れる」

⓫ It is caused (by lack of space, lack of interest, lack of company, and
　　S　V　因果表現
an unsuitable diet).

和訳 それはスペース、関心事、仲間が足りないことや、不適切な食生活によって引
き起こされる。

語句 lack「不足・欠如」、company「仲間」、unsuitable「不適切な」、diet「食事・
食生活」

⓬ Two polar bears [in Bristol zoo [in England]] have been confined (in
　　　　　　S　　　　　　　　　　　　　　　　　　　V
a small area) (for 28 years) and show all the signs of zoochosis.
　　　　　　　　　　　　　　　　V　　　O

和訳 イギリスのブリストル動物園で飼われている2匹のホッキョクグマは、28年間
にわたって狭い場所に閉じ込められており、ズーコシスのすべての症状を示し
ている。

語句 polar bear「ホッキョクグマ・シロクマ」

⓭ How can people observe wild animals [under such conditions] and
　　　　　　S　　　V　　　O
believe < that they are being educated)?
　　V　　　O　s　　　v

和訳 人々はどうしたら、そのような環境下に置かれた野生動物を見て、学びを得て
いると思えるというのだろうか。

語句 observe「観察する」

⑭ (To learn about wild animals) <u>one</u> <u>must observe</u> <u>them</u> (in the wild
　　　　　　　　　　　　　　　　S　　　　V　　　　　　O
[where they live]).

> **和訳** 野生動物について学ぶためには、彼らの暮らす野生環境で観察する必要がある。

3

❶ <u>Zoos</u> (also) <u>claim</u> < <u>that</u> they are conserving endangered species (in
　　S　　　　　V　　　　O　　s　　　v　　　　　　　o
the hope of returning them to the wild (in the future)).

> **和訳** 動物園はまた、将来的に絶滅危惧種を野生に戻そうという思いで、絶滅危惧
> 種を保護しているのだと主張する。

> **語句** in the hope of ～「～することを願って」

❷ (Out of about 10,000 zoos [that exist around the world]), <u>only about</u>
　　　　　　　　　　　　　　　　　　　　　　　　　　　　　　　　S
<u>500</u> <u>register</u> <u>their animals</u> (with an international species database),
　　　V　　　　O
<u>and</u> <u>only about five</u> <u>or</u> <u>ten percent of these</u> (actually) <u>work with</u>
　　　　　　　　　　　　　　　S　　　　　　　　　　　　　　　　　V
<u>endangered species</u>.
　　　O

> **和訳** 世界中に存在する約10,000か所の動物園のうち、飼育している動物を国際的
> な生物データベースに登録している園はたったの約500か所であり、そのうち
> 実際に絶滅危惧種を取り扱っているのはほんの約5～10パーセントである。

> **語句** exist「存在する」、register「登録する」、species「種」、database「デー
> ベース」、work with ～「～を扱う仕事をしている」

❸ <u>Zoos</u> <u>have</u> <u>projects</u> [where they breed animals (in zoos) (for the
　　S　　　V　　　O　　　　関係副詞
purpose of conservation)].

> **和訳** 動物園には、種の保護のために、園内で動物を繁殖させる取り組みがある。

> **語句** breed「飼育する・繁殖させる・つがわせる」、for the purpose of ～「～のた
> めに」

❹ (However), <u>most animals</u> <u>do not need</u> <u>help</u> (in breeding); <u>they</u> <u>have</u>
　　　　　　　　　S　　　　　　V　　　O　　　　　　　　　S

158

been doing it (for a long time) (without any help).
 　　 V 　　 O

> 和訳 しかしほとんどの動物は、繁殖するのに助けを必要としていない。だって彼ら
> は長い間、何の助けもなしに繁殖してきたのだから。

5 Animals have been in danger (because their natural surroundings
 　 S 　　 V 　　　　　　　　　　　　　　　　　　　　　S
have been destroyed (by humans)).
 　　 V

> 和訳 動物の暮らす自然環境が人間によって破壊されてきたことで、動物は危機に直
> 面している。

> 語句 in danger「危機に直面している」、surrounding「環境」、destroy「破壊する」

6 It is true < that zoos have had several success stories [with zoo-bred
 仮S V C 　 真S 　 s 　　 V 　　　　　　 O
animals]>.

> 和訳 動物園育ちの動物に関する成功例がいくつかあるのは事実だ。

> 語句 X-bred「X育ちの」

7 One was the golden lion tamarin, a species of monkey, [which had
 　 S 　 V 　　　　　 C
almost become extinct (because humans destroyed its natural habitat
 　　　　　　　　　　　　　 s 　　 V 　　　 O

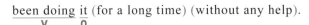
the golden lion tamarinの同格

and too many were captured (for pets and zoos))].
 　　 s 　　　 V

> 和訳 1つはゴールデン・ライオン・タマリンというサルの一種で、自然の生息地が人
> 間によって破壊され、あまりにも多くの個体がペットや動物園の飼育動物にす
> る目的で捕獲されたため、もう少しで絶滅するところだった。

> 語句 capture「捕獲する」

8 Over 100 tamarins were bred (in zoos), and (when they were released
 　 S 　　　　 V 　　　　　　　　　　　 s 　　 V
(into the wild)), only 30 survived.
 　　　　　　　　 S 　 V

> 和訳 100匹以上のタマリンが動物園で飼育されたが、野生環境に放たれると、生き
> 残ったのはたったの30匹だった。

> 語句 release「解放する」

9 Some were unable to live life in the wild — they were not able to
climb trees, or (when they did), they fell off; some did not even
move; some were not used to a natural diet.

> 和訳 木を登ることができなかったり、木を登ったら落ちてしまったりと、野生での生活を送ることができなかったものもいれば、動くことさえしなかったもの、自然界の食事に慣れていないものもいた。

> 語句 climb「登る」、fall off「落ちる」、be used to ～「～に慣れている」

10 It is a risky business to re-introduce zoo-bred animals (to the wild),
(because (if they have lost their instinct [for survival] and cannot
adapt quickly enough), they will die).

> 和訳 生存本能を失っていて、十分すばやく適応できなかった場合には死んでしまうので、動物園育ちの動物を再び野生環境に放つのは危険なことだ。

> 語句 re-introduce「再導入する・再開する」、instinct「本能」

4

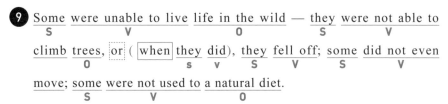
It seems that ～「～するようだ」

1 (In conclusion), it seems that zoos are trying to fulfill their goals [to
educate and conserve] but (in the process) are harming the animals
themselves.

> 和訳 要するに、動物園は教育および保護という目的を果たそうとしているが、その過程において自ら動物に悪影響を及ぼしているようだ。

> 語句 in conclusion「結論として・要するに」、fulfill「実現させる・果たす」、harm「害を及ぼす」

2 What is the solution then?

> 和訳 では、解決策は何だろうか?

> 語句 solution「解決策」

❸ One solution is to protect the natural homes or habitats of animals.
　　　　S　　　V　　　　　　　　　　　　　　　C

　和訳 解決策の１つは、自然界にある動物の生息地を保護することだ。

❹ Another possibility is to have habitat preserves [where wild animals
　　　　　　S　　　　　V　　　　　　　　　　　　　　　　C

live (with the least possible human interference)].

　　和訳 もう１つの方法は、人間の干渉を最小限にしか受けずに野生動物が暮らせる生
　　　　息地保護区域を設けることだ。

　　語句 preserve「自然保護地域・禁猟地」、interference「干渉・邪魔」

❺ (If the money and expertise [that zoos are using φ today] were
　　　　　　　　　　　　　　　　　　　　s　　　　　　　　　　　V

redirected (to habitat preservation and management)), we would not
　　　　　　　　　　　　　　　　　　　　　　　　　　　　S
　　　　　　　　　　　　　　　　　　　　　　　　　　　　　仮定法過去

have the problems of having to conserve species [whose natural
　V　　　　　　　　　　　　　　　　　　　　　　O

homes have disappeared].

　　和訳 今日動物園が使っているお金や専門知識を生息地の保護および管理に向けれ
　　　　ば、自然の生息地が消滅してしまった種を保護しなくてはいけないという問題
　　　　を抱えることはないだろう。

❻ (Nonetheless), there (also) has to be an international effort [to control
　　　　　　　　　　　　　　　　　V　　　　　　　　　　S

pollution and the illegal capturing of endangered species].

　　和訳 とはいえ、汚染および絶滅危惧種の違法な捕獲を規制するための国際的な試
　　　　みもまた必要である。

　　語句 nonetheless「それにもかかわらず・とはいえ」、control「抑制する・規制する」、
　　　　pollution「汚染」、illegal「違法な」

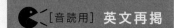
1 It was in 1826 that the Zoological Society was founded in London. In 1867, the title was shortened to zoo. Later on in 1892, the English man Henry Salt, in his book *Animal Rights*, was one of the first to protest against keeping animals in cages. He did not like the idea because of the way the animals were confined and also the way animals in zoos "lose their character." Since then, many people have criticized zoos for these reasons. However, zoos claim that their role is to educate the public and conserve animals. These aims are not bad in themselves. It is the way in which they are carried out that we must consider.

2 Zoos claim that they have an important educational function. Is this true? In reality most people go to zoos for entertainment. This is what sells the tickets and pays the bills. Zoos say they give people the opportunity to see the wonders of nature and its wild animals. In fact, they are showing us animals that have lost their dignity: animals with sad and empty eyes. The conditions under which animals are kept in zoos change their behavior. Animals, like humans, are affected by their environment. After months and years in a cage without any interest, animals begin to lose their natural characteristics. Many animals in zoos get signs of "zoochosis," abnormal behavior which includes endlessly pacing up and down and rocking from side to side. It is caused by lack of space, lack of interest, lack of company, and an unsuitable diet. Two polar bears in Bristol zoo in England have been confined in a small area for 28 years and show all the signs of zoochosis. How can people observe wild animals under such conditions and believe that they are being educated? To learn about wild animals one must observe them in the wild where they live.

3 Zoos also claim that they are conserving endangered species in the hope of returning them to the wild in the future. Out of about 10,000 zoos that exist around the world, only about 500 register their animals with an international species database, and only about five or ten percent of these actually work with endangered species. Zoos have projects where they breed animals in zoos for the purpose of conservation. However, most animals do not need help in breeding; they have been doing it for a long time without any help. Animals have been in danger because their natural surroundings have been destroyed by humans. It is true that zoos have had several success stories with zoo-bred animals. One was the golden lion tamarin, a species of monkey, which had almost become extinct because humans destroyed its natural habitat and too many were captured for pets and zoos. Over 100 tamarins were bred in zoos, and when they were released into the wild, only 30 survived. Some were unable to live life in the wild — they were not able to climb trees, or when they did, they fell off; some did not even move; some were not used to a natural diet. It is a risky business to re-introduce zoo-bred animals to the wild, because if they have lost their instinct for survival and cannot adapt quickly enough, they will die.

4 In conclusion, it seems that zoos are trying to fulfill their goals to educate and conserve but in the process are harming the animals themselves. What is the solution then? One solution is

to protect the natural homes or habitats of animals. Another possibility is to have habitat preserves where wild animals live with the least possible human interference. If the money and expertise that zoos are using today were redirected to habitat preservation and management, we would not have the problems of having to conserve species whose natural homes have disappeared. Nonetheless, there also has to be an international effort to control pollution and the illegal capturing of endangered species.

(Adapted from "Zoos" by Milada Broukal)

1 1826年、ロンドンで動物学会（Zoological Society）が設立された。1867年にその名称は動物園（zoo）に短縮された。その後1892年になって、イギリス人男性ヘンリー・ソルトが著書『動物の権利』の中でいち早く、動物を檻の中に閉じ込めておくことに対する抗議を行った。彼は、動物の閉じ込められ方や、また、園内の動物が「特性を失う」さまを理由に、それに反対した。それ以降、多くの人々がそういった理由で動物園を批判してきた。しかし動物園側は、一般の人々への教育を行って動物を保護するのが園の役割だと主張している。そういった目的は、それ自体は悪いものではない。私たちが考えなくてはいけないのは、どのような方法でそれが行われるかということだ。

2 動物園は、自分たちは重要な教育的機能を有していると主張する。それは本当だろうか？実際には、ほとんどの人々が動物園に行くのは娯楽のためだ。それによってチケットが売れ、請求書の支払いをすることができる。動物園は、自然の神秘およびそこに暮らす野生動物を目にする機会を人々にもたらしているのだと言う。しかし実際には、動物園が私たちに見せているのは、尊厳を失った動物、つまり悲しそうで虚ろな目をした動物である。園内の飼育環境によって動物の行動は変わる。動物は人間と同様、環境に影響を受けるものなのだ。興味を惹かれるものが何もないまま檻の中で年月を重ねると、動物は次第に本来の特性を失っていく。動物園で飼育されている多くの動物は「ズーコシス」という、延々とうろうろしたり左右に揺れたりといった異常行動の兆候を示す。それはスペース、関心事、仲間が足りないことや、不適切な食生活によって引き起こされる。イギリスのブリストル動物園で飼われている2匹のホッキョクグマは、28年間にわたって狭い場所に閉じ込められており、ズーコシスのすべての症状を示している。人々はどうしたら、そのような環境下に置かれた野生動物を見て、学びを得ていると思えるというのだろうか。野生動物について学ぶためには、彼らの暮らす野生環境で観察する必要がある。

3 動物園はまた、将来的に絶滅危惧種を野生に戻そうという思いで、絶滅危惧種を保護しているのだと主張する。世界中に存在する約10,000か所の動物園のうち、飼育している動物を国際的な生物データベースに登録している園はたったの約500か所であり、そのうち実際に絶滅危惧種を取り扱っているのはほんの約5〜10パーセントである。動物園には、種の保護のために、園内で動物を繁殖させる取り組みがある。しかしほとんどの動物は、繁殖するのに助けを必要としていない。だって彼らは長い間、何の助けもなしに繁殖してきたのだから。動物の暮らす自然環境が人間によって破壊されてきたことで、動物は危機に直面している。動物園育ちの動物に関する成功例がいくつかあるのは事実だ。1つはゴールデン・ライオン・タマリンというサルの一種で、自然の生息地が人間によって破壊され、あまりにも多くの個体がペットや動物園の飼育動物にする目的で捕獲されたため、もう少しで絶滅するところだった。100匹以上のタマリンが動物園で飼育されたが、野生環境に放たれると、生き残ったのはたったの30匹だった。木を登ることができなかったり、木を登ったら落ちてしまったりと、野生での生活を送ることができなかったものもいれば、動くことさえしなかったもの、自然界の食事に慣れていないものもいた。生存本能を失っていて、十分すばやく適応できなかった場合には死んでしまうので、動物園育ちの動物を再び野生環境に放つのは危険なことだ。

4 要するに、動物園は教育および保護という目的を果たそうとしているが、その過程において
自ら動物に悪影響を及ぼしているようだ。では、解決策は何だろうか?解決策の1つは、自
然界にある動物の生息地を保護することだ。もう1つの方法は、人間の干渉を最小限にしか
受けずに野生動物が暮らせる生息地保護区域を設けることだ。今日動物園が使っているお
金や専門知識を生息地の保護および管理に向ければ、自然の生息地が消滅してしまった種
を保護しなくてはいけないという問題を抱えることはないだろう。とはいえ、汚染および絶滅
危惧種の違法な捕獲を規制するための国際的な試みもまた必要である。

LESSON 10 「人種について5歳児に教育すべきか?」

▶ 大妻女子大学

問題文は別冊p.42

この英文を読む意義

「人種問題×教育論」の英文です。

人種に関することが注目されるのは今に始まったことではありませんが、2021年にはアメリカでアジア系黒人女性が初めて副大統領になったり、2022年にアメリカの最高裁判事に黒人女性が初めて就任するなど、常に話題には事欠きません。

さらに今回の英文では「『人種が違っても中身は同じ』なんてメッセージは子どもに良い影響を与えない」という現実を突きつけている、まさに最新の入試で出る「綺麗事ナシ」の英文です。

また、今回の「いつから教育すべき?」というテーマ(たとえば「いつから外国語を学ぶべき?」)でよく使われる、infant「乳児(0〜1歳くらい)」、toddler「(よちよち歩きをし始めた頃の)幼児(1〜3歳くらい)」、preschool「就学前の」など、単語帳で重視されないものの重要な単語もしっかりチェックしておきましょう。

解答

設問1 イ　　**設問2** ウ
設問3 (A) オ　　(B) キ　　(C) ケ　　(D) コ　　(E) イ

解説

設問1

正解の選択肢

イ. It was found out that children as young as 9 months old can recognize the differences of race.

「生後たった９か月の子どもでも、人種の違いを認識できるということが発見された」

▶ ⑤-2に Previous research has shown that 3-month-old babies prefer faces from certain racial groups, <u>9-month-olds use race to categorize faces</u>, and 3-year-old children in the U.S. associate some racial groups with negative traits.「これまでの研究によって、生後３か月の赤ちゃんは特定の人種の顔を好み、<u>生後９か月の赤ちゃんは人種で顔を分類し</u>、アメリカの３歳児にとって一部の人種はネガティブな特徴を連想させることがわかっている」とあるので、イが正解です。

本文と選択肢で、Previous research has shown that ～「これまでの研究は～と示している」→ It was found out that ～「～が発見された」、use race to categorize faces「人種で顔を分類する」→ recognize the differences of race「人種の違いを認識する」と言い換えられています。ちなみに選択肢の as young as ～ は「as ～ asで強調する用法」で、「～もの若さで」と若さを強調します。

ア．Children do not develop negative ideas about race until they reach elementary school ages.
「子どもは小学校に入る年齢に達するまで、人種に関して否定的な考えを持つようになることはない」

▶⑤-2に3-year-old children in the U.S. associate some racial groups with negative traits「アメリカの３歳児にとって一部の人種はネガティブな特徴を連想させる」、⑤-3に race-based discrimination is already widespread when children start elementary school「小学校入学時にはすでに人種に基づく差別が蔓延しているのだ」とあります。

ウ．The parents believed it best to talk about race with children at 5 years old, the age when they begin to be aware of race.
「親は、子どもが人種について認識し始める年齢である５歳の時に、人種についての会話を子どもとするのが最適だと考えていた」

▶⑤-1に The participants believed conversations about race should begin near a child's fifth birthday <u>even though children begin to be aware of race when they are infants</u>.「子どもは乳児のうちから人種について認識し始めているにもかかわらず、被験者は、人種に関する会話は子どもの５歳の誕生日辺りで始めるべきだと思っていた」とあり、本文では「５歳になる前に人種について認識し始める」とあります。

エ．The results of the research varied depending on the participants' race, gender, and educational level.
「研究結果は、被験者の人種、性別、教育レベルによって異なった」

▶⑥-3に The participants' parental status, gender, education level, or experience with children also didn't have any bearing on the findings.「被験者が親かどうか、被験者の性別、教育レベル、子どもと関わった経験もまた、調査結果に一切関係していなかった」とあり、選択肢と真逆の内容です。選択肢の vary depending on ～「～に応じて変わる」は重要表現です（特に実験・研究系の英文で大事）。

設問2

ウ．子供の十分な成長を待ってから人種問題について話し合うのがよいと考えていると、時機を逸してしまう可能性がある。

▶ 10 -1 に Even if it's a difficult topic, it's important to talk with children about race, because it can be difficult to undo racial bias once it takes root「難しい話題だとしても、人種について子どもと話すのは重要なことです。なぜなら、いったん人種偏見が根付いたら、それをなくすのは難しい可能性があるからです」、11 -1 に Parents, especially white parents, need to become comfortable talking about race or it will only get more difficult as their children get older, Wilton said.「親、特に白人の親は、人種について気軽に話せるようになる必要があり、そうしないと、子どもが大きくなるにつれてそれは難しくなっていく一方だろうとウィルトンは述べる」とあります。

さらに、最終文（12 -1）で If we wait until a child is old enough to ask a tough question about the history of racial violence, then it will be that much harder to talk about if there haven't been any meaningful discussions about race earlier in their lives.「子どもが人種差別に起因する暴力の歴史についての答えにくい質問をするようになる年齢まで待っていたら、子どもがもっと幼い段階で人種に関する有意義な話し合いを一切していなかった場合、話し合いはその分だけ難しくなってしまうだろう」と結論づけています。第7段落以降では一貫して「人種について早く子どもと話し合うべき／成長を待っていると話し合いが難しくなる」と主張しているため、ウが正解です。

ア．ここで説明されている別の調査においても、子供の人種理解の発達速度は前の実験結果と同じであることがわかった。

▶ 7 -1・2 に Another online experiment in the study found that when participants learned about children's developmental abilities relating to race, they said adults should start talking about it when children are 4 years old. This was approximately a year earlier than in the previous experiment.「その研究におけるもう1つのオンライン実験で、被験者は人種に関連する子どもの発達能力について学んだ後だと、大人は子どもが4歳の時に人種に関する会話を始めるべきだと答えた。これは、先ほどの実験結果よりも約1歳早くなっている」とあります。本文では「前の実験結果より1年早い」わけです。また、そもそも本文は「大人が子どもの発達速度をどう考えているか」を示しているだけで、「実際の子どもの発達速度」には言及していません。

イ．子供と人種問題を話し合う時に大事なことは、外見の違いではなく内面こそが大切なのだというスタンスを親自身がとり続けることである。

▶ 8 -1 に「多くの白人の親は人種差別の現実を無視した効果のない方法をとることが多い」、8 -2 に Some harmful approaches include a colorblind strategy (e.g., telling children "Skin color doesn't matter," or "We're all the same on the inside") or 〜「子どもに好ましくない影響を及ぼす方法としては、人種の違いを意識させない方法（例：「肌の色は重要じゃない」や「中身はみんな同じだよ」と子どもに言う）〜などが挙げられる」とあり、

本文は「『肌の色は重要ではなく中身は同じ』などのメッセージは好ましくない／現実を教えるべき」という方向性です。

エ．人種差別の意識は後の教育によって是正できることなので、あせって子供とその問題を生半可に話そうとすることは勧められない。

▶10-1に「いったん人種偏見が根付いたら、なくすのは難しい」とありましたね。本文は「早く人種差別について子どもと話し合うべき」という方向性です。

設問3

空所補充問題は、いきなり文脈を考えるのではなく、まずは形から考えるようにしてください。特に品詞を意識することが大切です。

(A)

正解の選択肢

オ 1st

▶ their（　）birthdayから、空所には名詞birthdayを修飾するもの（形容詞など）が入ると考えます。「さまざまな人種の人々の顔を見分けられるのはいつより前か？」が問われています（ここでのtellは「区別する」という意味）。

5-2に Previous research has shown that 3-month-old babies prefer faces from certain racial groups, 9-month-olds use race to categorize faces, and ～「これまでの研究によって、生後3か月の赤ちゃんは特定の人種の顔を好み、生後9か月の赤ちゃんは人種で顔を分類し～」とあるので、「3か月や9か月」＝「1歳の誕生日を迎える前」と考えてオ 1stを選べばOKです。

(B)

正解の選択肢

キ preschool

▶ 空所には直後の名詞childrenを修飾するものが入ると考えます。5-3に By age 4, children in the U.S. associate whites with wealth and higher status, and race-based discrimination is already widespread when children start elementary school.「アメリカの子どもは4歳までに、白人を見たら裕福さや地位の高さを連想するようになっており、小学校入学時にはすでに人種に基づく差別が蔓延しているのだ」とあるので、キが正解です。preschoolは形容詞「就学前の」（名詞「保育園」の意味もあります）です。

本文のassociate A with B「AとBを結びつける・AでBを連想する」が、link A with B「AとBを結びつける」に言い換えられています。

「4歳までに（小学校入学前に）」とあるので、ウ elementary schoolは間違いになります。

(C)

ケ too

▶ 空所の前後で are young とつながるので、空所自体には「余分な品詞（＝副詞）」が入ります。1-1 に Adults in the United States believe children should be almost 5 years old before talking with them about race, even though some infants are aware of race and preschoolers may have already developed racist beliefs「人種を理解している乳児がいたり、未就学児がすでに人種差別的な考えを持っている可能性があったりするにもかかわらず、アメリカの大人は、子どもが5歳近くになってから、人種について話すべきだと考えている」、5-1 に The participants believed conversations about race should begin near a child's fifth birthday even though children begin to be aware of race when they are infants.「子どもは幼児のうちから人種について認識し始めているにもかかわらず、被験者は、人種に関する会話は子どもの5歳の誕生日辺りで始めるべきだと思っていた」とあります。

実際には幼い頃に人種を意識し始めているが、実験で親は「5歳頃から人種について教えるべき（5歳以下の子どもにはまだ人種について話すべきでない・成熟していない）」と考えていたわけです。too 〜 to …「…するには〜すぎる」の形で、too young to have a talk about race「幼な過ぎて、人種について話し合えない」とします。

(D)

コ uncomfortable

▶ 直前の are から be 動詞につながる形を考えます。11-1 に Parents, especially white parents, need to become comfortable talking about race or it will only get more difficult as their children get older, Wilton said.「親、特に白人の親は、人種について気軽に話せるようになる必要があり、そうしないと、子どもが大きくなるにつれてそれは難しくなっていく一方だろうとウィルトンは述べる」とあります。

「人種について気軽に話ができない（抵抗がある）親も、手遅れになる前に気軽に話すべき」と主張しているので、コが正解です。be uncomfortable about -ing「〜することについて心地よくない・〜するのに抵抗がある」です。

(E)

イ differences

▶ about racial（　）の形から、空所には形容詞 racial「人種の」に修飾される「名詞」が入ります。「人種の違いについて（子どもが理解する）」という意味が適切なので、イ differences「違い」が正解です。該当箇所は以下の構造になります。

構文

It is important for parents, [who are uncomfortable (about talking to
仮S V　　C　　　　　　　　　　　　関係詞の非制限用法
their children about race)], to understand <the gap [between what they
真S　　　　　　the gap between A and B「AとBの違い」
believe and what young children can already understand about racial
differences]>.

全体はIt is 形容詞 for 人 to 〜 「 人 が〜することは 形容詞 だ」の形です（It
は仮主語、to 〜 が真主語／for 人 は意味上の主語）。the gap between A
and B「AとBの違い」で、Aには what they believe「親が考えていること」、Bに
は what young children can already understand about racial differences
「幼い子どもが人種の違いについて理解できていること」がきています。

1

Adults [in the United States] believe <{ that } children should be
 S　　　　　　　　　　　　V　　　　　O　　　　　　s　　　　　v
almost 5 years old (before talking with them about race)>, (even
　　　　　　c
though some infants are aware of race and preschoolers may have
　　　　 s　　　　 v　　　　　o　　　　　　 s　　　　　 v
already developed racist beliefs), (according to new research
　　　　　　　　　　　　 c
[published by the American Psychological Association]).

> **和訳** 米国心理学会が発表した新しい研究によると、人種を理解している乳児がいた
> り、未就学児がすでに人種差別的な考えを持っている可能性があったりするに
> もかかわらず、アメリカの大人は、子どもが5歳近くになってから、人種につい
> て話すべきだと考えている。
>
> **語句** race「人種」、infant「幼児」、be aware of ～「～をわかっている」、racist「人
> 種差別的な」、belief「信念・考え」、publish「発表する」

2

Delays [in these important conversations] could make it more difficult
 S　　　　　　　　　　　　　　　　　　　　　　　 V　 仮O　　 C
to change children's misperceptions or racist beliefs, said study co-
真O　　　　　　　　　　　　　　　　　　　　　　　　　　 V　　 S
author Jessica Sullivan, PhD, an associate professor of psychology at
　　　　　　　　　　　　　　　　　(study co-author Jessica Sullivan, PhDの同格)
Skidmore College.

> **和訳** こういった重要な会話が遅れてしまうと、子どもの誤った認識や人種差別的な
> 考えを変えるのがより困難になる恐れがあるのだと、研究の共同実施者である、
> スキッドモア大学心理学准教授のジェシカ・サリバン博士は述べている。
>
> **語句** delay「遅れ」、co-author「共同実施者・共著者」、associate professor「准
> 教授」、psychology「心理学」

3

❶ "Children are capable of thinking about all sorts of complex topics (at
 S   V   O

a very young age)," she said.
      S V

> **和訳** 「子どもは幼い頃から、あらゆる種類の複雑なテーマについて考えることができ
> ます」と彼女は言う。

> **語句** be capable of 〜「〜することができる」、sort「種類」、complex「複雑な」

❷ "(Even if adults don't talk (to kids) (about race)), children will work
     s   v   S   V

to make sense of their world and will come up with their own ideas,
        O   V   O

[which may be inaccurate or detrimental]."

> **和訳** 「大人が人種について子どもに話さなくても、子どもは身の回りの世界を理解し
> ようと努力し、自分なりの考えを持つようになりますが、それは不正確だったり
> 好ましくないものだったりすることがあります」

> **語句** make sense of 〜「〜を理解する」、inaccurate「不正確な」

4

❶ (In an online study [with a nationally representative sample]), more
                       S

than 600 participants were asked the earliest age [at which they would
        V   O

talk (with children) (about race)].

> **和訳** 全国から標本を集めたオンライン研究で、600名以上の被験者が、人種につい
> て子どもと話すのは何歳からかという質問をされた。

> **語句** nationally「全国的に」、representative sample「標本(調査対象となる集
> 団)」、participant「参加者・被験者」

❷ They were also asked <when they thought <{ that } children first
 S V   O   s v   o   s

develop behaviors and cognitive abilities [relating to race and other
 v   o

social factors]>>.

彼らはまた、子どもが初めて人種などの社会的要因に関連した行動をするようになったり、それらに関連した認識能力を身につけたりするのはいつ頃だと思うか、という質問もされた。

behavior「行動」、relate to 〜「〜に関連している」、factor「要因」

❸ More than half of the participants were parents (while 40% were
　　　　　　　　S　　　　　　　　　　　　　　　V　　C　　　　　　　　s　　　v
people [of color]).
　　　　　c

被験者の過半数が子を持つ親であり、40%が有色人種であった。

people of color「有色人（白人以外の人）」

❹ The research was published online (in the *Journal of Experimental*
　　　　　S　　　　　　V
Psychology: General®).

この研究は、*Journal of Experimental Psychology: General*® でオンライン発行された。

5

❶ The participants believed <{ that } conversations [about race] should
　　　　　S　　　　　　V　　　　O　　　　　　　s　　　　　　　　　　v
begin (near a child's fifth birthday) > (even though children begin to
　v　　　　　　　　　　　　　　　　　　　　　　　　　　s　　　　　v
be aware of race (when they are infants)).
　　　o　　　　　　　　　s　　v　　c

子どもは乳児のうちから人種について認識し始めているにもかかわらず、被験者は、人種に関する会話は子どもの5歳の誕生日辺りで始めるべきだと思っていた。

❷ Previous research has shown < that 3-month-old babies prefer faces
　　　　　S　　　　　　　V　　　　O　　　　　　　s　　　　　v　　o
[from certain racial groups], 9-month-olds use race (to categorize
　　　　　　　　　　　　　　　　　　　s　　　v　　o
faces), and 3-year-old children [in the U.S.] associate some racial
　　　　　　　　s　　　　　　　　　　　　　　　∧ v　　　　o
groups (with negative traits).
　　　　　　　　　　　associate A with B「AとBを結びつけて考える」

174

> **和訳** これまでの研究によって、生後3か月の赤ちゃんは特定の人種の顔を好み、生後9か月の赤ちゃんは人種で顔を分類し、アメリカの3歳児にとって一部の人種はネガティブな特徴を連想させることがわかっている。
>
> > **語句** previous「以前の、これまでの」、prefer「好む」、categorize「分類する」、associate A with B「AとBを結びつける・AでBを連想する」

associate A with B

❸ (By age 4), children [in the U.S.] associate whites (with wealth and
　　　　　　　　　　　S　　　　　　　　　V　　　　O

higher status), and race-based discrimination is already widespread
　　　　　　　　　　　　S　　　　　　　　　　　V　　　　　　C

(when children start elementary school).
　　　　s　　　　v　　　　o

> **和訳** アメリカの子どもは4歳までに、白人を見たら裕福さや地位の高さを連想するようになっており、小学校入学時にはすでに人種に基づく差別が蔓延しているのだ。
>
> > **語句** wealth「富・裕福さ」、status「地位」、discrimination「差別」、widespread「広まっている・蔓延している」、elementary school「小学校」

6

❶ Participants [who believed <{ that } children's capacities [to process
　　　　　　　　　　　　　　　　　　S

race] developed later>] also believed <{ that } conversations [about
　　　　　　　　　　　　　　　V　　　　　　O　　　　　　　　s

race] should occur later>.
　　　　　v

> **和訳** 子どもの人種認識能力が発達する時期をもっと遅いと考えていた被験者は、人種についての会話を行うべきタイミングも遅く考えていた。
>
> > **語句** process「処理する・認識する」、occur「発生する」

❷ The researchers were surprised < that the participants' race did not
　　　S　　　　　　　V　　　　　　　　O　　　　　　　s　　　　v

affect the age [at which they were willing to talk (with children)
　　　　　o

(about race)]>.

> **和訳** 研究者が驚いたことに、被験者の人種は、何歳から子どもと人種について話したいと思っているかの調査結果に影響していなかった。
>
> > **語句** affect「影響する」

❸ The participants' parental status, gender, education level, or
　　　　　　　　　　　　　　　　　　　　　　　　　S
experience [with children] also didn't have any bearing (on the
　　　　　　　　　　　　　　　　V　　　　　O
findings).

> 和訳 被験者が親かどうか、被験者の性別、教育レベル、子どもと関わった経験もまた、
> 調査結果に一切関係していなかった。

> 語句 parental「親の」、finding「研究結果」

7

❶ Another online experiment [in the study] found < that (when
　　　　　　　　　　　　　　　　S　　　　　　　　V　　　O
participants learned (about children's developmental abilities [relating
　　　　s　　　　　v
to race])), they said <{ that } adults should start talking (about it)
　　　　　　　s　　v　　　　o　　　s　　　　　　　v
(when children are 4 years old)>>.
　　　　　s　　　v　　c

> 和訳 その研究におけるもう1つのオンライン実験で、被験者は人種に関連する子ど
> もの発達能力について学んだ後だと、大人は子どもが4歳の時に人種に関する
> 会話を始めるべきだと答えた。

> 語句 experiment「実験」、developmental「発達の」

❷ This was approximately a year earlier (than in the previous
　　　　S　　V　　　　　　　　　C
experiment).

> 和訳 これは、先ほどの実験結果よりも約1歳早くなっている。

> 語句 approximately「おおよそ」、previous「前の・先の」

8

❶ Many white parents often use well-meaning but ineffective strategies
　　　　S　　　　　　　　V　　　　　　　　　　　　　O
[that ignore the realities of racism [in the United States]], said study
　　　　　　　　　　　　　　　　　　　　　　　　　　　　　V
co-author Leigh Wilton, PhD, an assistant professor of psychology at
　　　　S
　　　　　　　　　　　　　　　　　(study co-author Leigh Wilton, PhD の同格)

Skidmore College.

> **和訳** 多くの白人の親は、米国における人種差別の現実を無視した、善意にあふれているが効果のない方法をとることが多いのだと、研究の共同実施者である、スキッドモア大学心理学准教授のリー・ウィルトンは述べている。

> **語句** well-meaning「善意の」、ineffective「効果のない」、strategy「戦略」、ignore「無視する」、reality「現実」、racism「人種差別・人種差別主義」

❷ Some harmful approaches include a colorblind strategy (e.g., telling
　　　　S　　　　　　　　　V 〔イコール表現〕　　O
children "Skin color doesn't matter," or "We're all the same (on the
　　　　　　s　　　　v　　　　　　　　s　　v　　　c
inside)") or refusing to discuss it (e.g., "It's not polite to talk about
　　　　　　　　　o　　　　　　　　　仮s v　　c　　真s
that").

> **和訳** 子どもに好ましくない影響を及ぼす方法としては、人種の違いを意識させない方法(例:「肌の色は重要じゃない」や「中身はみんな同じだよ」と子どもに言う)や、人種について話そうとしないこと(例:「そういった話をするのは失礼なことだよ」と言う)などが挙げられる。

> **語句** harmful「有害な・悪影響を及ぼす」、approach「方法・手法」、colorblind「皮膚の色で人種差別をしない・人種の違いを意識しない」、matter「重要である」、on the inside「内部は」、refuse to ~「~することを拒む・~しようとしない」、polite「礼儀正しい」

9

The study didn't address exactly <when or how adults should talk
　　S　　　　　V　　　　　　　　　O　　　　　s　　　　v
(with children) (about race)>, but Wilton said <{ that } this can begin
　　　　　　　　　　　　　　　　　　S　　V　　O　　s　　v
early>.

> **和訳** この研究は、大人が具体的にいつ、また、どのように子どもと人種について話すべきかに言及するものではなかったが、ウィルトンによると、早い時期から始めてよいとのことだ。

> **語句** address「取り組む・対処する」、exactly「正確に・まさに」

1 "(Even if it's a difficult topic), it's important to talk (with children)
　　　　S　V　　　C　　　仮SV　　C　　真S

(about race), (because it can be difficult to undo racial bias (once it
　　　　　　　　　　仮s　v　　c　　　真s　　　　　　　　s

takes root))," she said.
　v　o　　　S　V

> **和訳** 「難しい話題だとしても、人種について子どもと話すのは重要なことです。なぜ
> なら、いったん人種偏見が根付いたら、それをなくすのは難しい可能性がある
> からです」と彼女は述べる。

> **語句** topic「話題」、bias「偏見」、once「いったん〜すると」、take root「根付く・
> 定着する」

2 "Toddlers can't do calculus, but that doesn't mean <{ that } we don't
　　　S　　　V　　O　　　S　　　V　　　　o　　s　v

teach them to count>.
　　　o　　c

> **和訳** 「1〜3歳の子は、微積分学はできませんが、だからといって、数の数え方を教
> えないということにはなりませんよね。

> **語句** count「数を数える」

3 You can have a conversation [with a toddler] [about race] [that is
　S　　V　　　O

meaningful (to them) (on their level)]."

> **和訳** 幼児とだって、人種について、彼らのレベルで意味のある会話をすることができ
> るのです」

> **語句** meaningful「意味がある・意味を持つ・有意義な」

11

Parents, especially white parents, need to become comfortable (talking
　S　　　　　　　　　　　　　　V　　　　　C

　　　　　　　　　　　　　　　　　　　　　　　　　　分詞構文
about race) or it will only get more difficult (as their children get
　　　　　　S　　V　　　　C　　　　　s　　　v

　　　　　　　　　　　　　　　　　　　　　比例のas「〜するにつれて」
older), Wilton said.
　c　　　S　　V

> **和訳** 親、特に白人の親は、人種について気軽に話せるようになる必要があり、そうし
> ないと、子どもが大きくなるにつれてそれは難しくなっていく一方だろうとウィル

トンは述べる。

語句 be comfortable -ing「〜して心地よいと感じる・〜することが苦にならない」、or「さもないと」(前にある need to が命令文の役割なので、この or は「さもないと・そうしないと」という意味になる)

12

(If we wait (until a child is old enough to ask a tough question
S V   S V C
　　　　　　　　　　　　　　　　　　　　　　　　　 that は副詞「その分だけ」
[about the history of racial violence])), then it will be that much
　　　　　　　　　　　　　　　　　　　　　　　　 S V C
harder to talk about φ (if there haven't been any meaningful
　　　　　　　　　 前置詞 about の目的語が欠けている 　　 V 　　　　　　 S
discussions [about race earlier in their lives])."

和訳 子どもが人種差別に起因する暴力の歴史についての答えにくい質問をするようになる年齢まで待っていたら、子どもがもっと幼い段階で人種に関する有意義な話し合いを一切していなかった場合、話し合いはその分だけ難しくなってしまうだろう。

語句 tough「厄介な・きつい・厳しい」

※it は race「人種」のことで、it will be that much harder to talk about「人種に関して話し合うのがその分だけ難しくなってしまうだろう」です。easy や difficult・hard のような「難易」を表す形容詞は、今回のように "S is 難易形容詞 to 〜 (名詞が欠けた不完全な形)" で使うことができます。
後ろの if 〜 は「もし〜」という意味の副詞節をつくる接続詞です(talk about の目的語になっているわけではありません)。

1 Adults in the United States believe children should be almost 5 years old before talking with them about race, even though some infants are aware of race and preschoolers may have already developed racist beliefs, according to new research published by the American Psychological Association.

2 Delays in these important conversations could make it more difficult to change children's misperceptions or racist beliefs, said study co-author Jessica Sullivan, PhD, an associate professor of psychology at Skidmore College.

3 "Children are capable of thinking about all sorts of complex topics at a very young age," she said. "Even if adults don't talk to kids about race, children will work to make sense of their world and will come up with their own ideas, which may be inaccurate or detrimental."

4 In an online study with a nationally representative sample, more than 600 participants were asked the earliest age at which they would talk with children about race. They were also asked when they thought children first develop behaviors and cognitive abilities relating to race and other social factors. More than half of the participants were parents while 40% were people of color. The research was published online in the *Journal of Experimental Psychology: General*®.

5 The participants believed conversations about race should begin near a child's fifth birthday even though children begin to be aware of race when they are infants. Previous research has shown that 3-month-old babies prefer faces from certain racial groups, 9-month-olds use race to categorize faces, and 3-year-old children in the U.S. associate some racial groups with negative traits. By age 4, children in the U.S. associate whites with wealth and higher status, and race-based discrimination is already widespread when children start elementary school.

6 Participants who believed children's capacities to process race developed later also believed conversations about race should occur later. The researchers were surprised that the participants' race did not affect the age at which they were willing to talk with children about race. The participants' parental status, gender, education level, or experience with children also didn't have any bearing on the findings.

7 Another online experiment in the study found that when participants learned about children's developmental abilities relating to race, they said adults should start talking about it when children are 4 years old. This was approximately a year earlier than in the previous experiment.

8 Many white parents often use well-meaning but ineffective strategies that ignore the realities of racism in the United States, said study co-author Leigh Wilton, PhD, an assistant professor

of psychology at Skidmore College. Some harmful approaches include a colorblind strategy (e.g., telling children "Skin color doesn't matter," or "We're all the same on the inside") or refusing to discuss it (e.g., "It's not polite to talk about that").

9 The study didn't address exactly when or how adults should talk with children about race, but Wilton said this can begin early.

10 "Even if it's a difficult topic, it's important to talk with children about race, because it can be difficult to undo racial bias once it takes root," she said. "Toddlers can't do calculus, but that doesn't mean we don't teach them to count. You can have a conversation with a toddler about race that is meaningful to them on their level."

11 Parents, especially white parents, need to become comfortable talking about race or it will only get more difficult as their children get older, Wilton said.

12 If we wait until a child is old enough to ask a tough question about the history of racial violence, then it will be that much harder to talk about if there haven't been any meaningful discussions about race earlier in their lives."

("Children Notice Race Several Years Before Adults Want to Talk About It." American Psychological Association. August 27, 2020. <https://www.apa.org/news/press/releases/2020/08/children-notice-race> （なお、一部表記を改めたところがある））

1 米国心理学会が発表した新しい研究によると、人種を理解している乳児がいたり、未就学児がすでに人種差別的な考えを持っている可能性があったりするにもかかわらず、アメリカの大人は、子どもが5歳近くになってから、人種について話すべきだと考えている。

2 こういった重要な会話が遅れてしまうと、子どもの誤った認識や人種差別的な考えを変えるのがより困難になる恐れがあるのだと、研究の共同実施者である、スキッドモア大学心理学准教授のジェシカ・サリバン博士は述べている。

3 「子どもは幼い頃から、あらゆる種類の複雑なテーマについて考えることができます」と彼女は言う。「大人が人種について子どもに話さなくても、子どもは身の回りの世界を理解しようと努力し、自分なりの考えを持つようになりますが、それは不正確だったり好ましくないものだったりすることがあります」

4 全国から標本を集めたオンライン研究で、600名以上の被験者が、人種について子どもと話すのは何歳からかという質問をされた。彼らはまた、子どもが初めて人種などの社会的要因に関連した行動をするようになったり、それらに関連した認識能力を身につけたりするのはいつ頃だと思うか、という質問もされた。被験者の過半数が子を持つ親であり、40%が有色人種であった。この研究は、*Journal of Experimental Psychology: General*®でオンライン発行された。

5 子どもは乳児のうちから人種について認識し始めているにもかかわらず、被験者は、人種に関する会話は子どもの5歳の誕生日辺りで始めるべきだと思っていた。これまでの研究によって、生後3か月の赤ちゃんは特定の人種の顔を好み、生後9か月の赤ちゃんは人種で顔を分類し、アメリカの3歳児にとって一部の人種はネガティブな特徴を連想させる［アメリカの3歳児は一部の人種をネガティブな特徴と結びつけている］ことがわかっている。アメリカの子どもは4歳までに、白人を見たら裕福さや地位の高さを連想するようになっており、小学校入学時にはすでに人種に基づく差別が蔓延しているのだ。

6 子どもの人種認識能力が発達する時期をもっと遅いと考えていた被験者は、人種についての会話を行うべきタイミングも遅く考えていた。研究者が驚いたことに、被験者の人種は、何歳から子どもと人種について話したいと思っているかの調査結果に影響していなかった。被験者が親かどうか、被験者の性別、教育レベル、子どもと関わった経験もまた、調査結果に一切関係していなかった。

7 その研究におけるもう1つのオンライン実験で、被験者は人種に関連する子どもの発達能力について学んだ後だと、大人は子どもが4歳の時に人種に関する会話を始めるべきだと答えた。これは、先ほどの実験結果よりも約1歳早くなっている。

8 多くの白人の親は、米国における人種差別の現実を無視した、善意にあふれているが効果のない方法をとることが多いのだと、研究の共同実施者である、スキッドモア大学心理学准

教授のリー・ウィルトンは述べている。子どもに好ましくない影響を及ぼす方法としては、人種の違いを意識させない方法(例:「肌の色は重要じゃない」や「中身はみんな同じだよ」と子どもに言う)や、人種について話そうとしないこと(例:「そういった話をするのは失礼なことだよ」と言う)などが挙げられる。

9 この研究は、大人が具体的にいつ、また、どのように子どもと人種について話すべきかに言及するものではなかったが、ウィルトンによると、早い時期から始めてよいとのことだ。

10 「難しい話題だとしても、人種について子どもと話すのは重要なことです。なぜなら、いったん人種偏見が根付いたら、それをなくすのは難しい可能性があるからです」と彼女は述べる。「1〜3歳の子は、微積分学はできませんが、だからといって、数の数え方を教えないということにはなりませんよね。幼児とだって、人種について、彼らのレベルで[彼らから見て]意味のある会話をすることができるのです」

11 親、特に白人の親は、人種について気軽に話せるようになる必要があり、そうしないと、子どもが大きくなるにつれてそれは難しくなっていく一方だろうとウィルトンは述べる。

12 子どもが人種差別に起因する暴力の歴史についての答えにくい質問をするようになる年齢まで待っていたら、子どもがもっと幼い段階で人種に関する有意義な話し合いを一切していなかった場合、話し合いはその分だけ難しくなってしまうだろう。

設問3の和訳
子どもは、1歳の誕生日を迎える前であってもすでに、さまざまな人種の人々の顔を見分けることができる。さらに、就学前の子どもは、地位の高さや裕福さを白人と結びつけることができる。その一方で、調査対象となった大人は、5歳未満の子どもには人種についての話はまだ早いと考えていた。調査対象となった大人のうち、300名以上は子を持つ親で、その60%は白人だった。人種について子どもに話すことに抵抗がある親は、自分の考えと、幼い子どもがすでに人種の違いについて理解できていることの相違を把握することが重要である。研究者は、親は子どもがもっと大きくなってから人種について話し合うべきだという考えには反対である。

おつかれ様！
ここまで取り組んでくれて
ありがとう。
これからもどんどん英語力を
高めていってください！

スマホで音声をダウンロードする場合

abceed
AI英語教材エービーシード

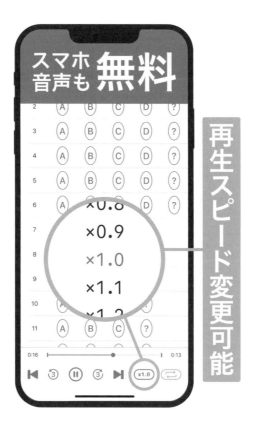

ご利用の場合は、下記のQRコードまたはURLより
スマホにアプリをダウンロードしてください。

https://www.abceed.com
abceedは株式会社Globeeの商品です。

POLARIS

基礎レベル

英語長文

英文法

憧れる大学にいつか
到達するための第一歩！

旅人の道を照らし出すポラリス（北極星）のように
受験生たちに進むべき道を示す問題集シリーズ

ポラリス ✦ POLARIS

英語長文

0 基礎レベル
1 標準レベル
2 応用レベル
3 発展レベル

英文法

0 基礎レベル
1 標準レベル
2 応用レベル
3 発展レベル

英文法

〈ファイナル演習〉

1 標準レベル
2 応用レベル
3 発展レベル

英作文

1 和文英訳編
2 自由英作文編

英語 頻出問題

1 標準レベル
2 応用レベル

現代文

1 基礎レベル
2 標準レベル
3 応用レベル

古文

1 基礎レベル
2 標準レベル
3 応用レベル

〔著者紹介〕

関　正生（せき　まさお）

　　オンライン予備校『スタディサプリ』講師。

　　1975年東京生まれ。埼玉県立浦和高校、慶應義塾大学文学部（英米文学専攻）卒業。TOEIC®L&Rテスト990点満点取得。

　　今までに出講した予備校では、250人教室満席、朝6時からの整理券配布、立ち見講座、定員200名の講座を1日に6回行い、すべて満席。出講した予備校すべての校舎で最多受講者数・最多締め切り講座数・受講アンケート全講座1位獲得。スタディサプリのCMでは全国放送で「授業」を行う（2017年から2022年現在まで6年連続）。YouTubeの授業サンプルの再生回数は累計2000万回突破。TSUTAYAの学習DVDランキングでトップ10を独占。

　　著書は『真・英文法大全』『カラー改訂版世界一わかりやすい英文法の授業』（以上、KADOKAWA）、『丸暗記不要の英文法』（研究社）、『サバイバル英会話』（NHK出版）、『関正生のTOEIC®L&Rテスト文法問題神速100問』（ジャパンタイムズ出版）など累計300万部（韓国・台湾などでの海外翻訳12冊）。NHKラジオ講座『小学生の基礎英語』（NHK出版）、英語雑誌『CNN ENGLISH EXPRESS』（朝日出版社）、週刊英和新聞『Asahi Weekly』（朝日新聞社）などでの連載。ビジネス雑誌での取材、大学・企業での講演多数。オンライン英会話スクール『hanaso』（株式会社アンフープ）での教材監修など、英語を勉強する全世代に幅広い分野で教える英語講師。

大学入試問題集　関正生の英語長文ポラリス
［ 0　基礎レベル］

2023年2月17日　初版発行
2024年8月10日　　6版発行

著者／関　正生

発行者／山下　直久

発行／株式会社KADOKAWA
〒102-8177　東京都千代田区富士見2-13-3
電話　0570-002-301(ナビダイヤル)

印刷所／大日本印刷株式会社

●お問い合わせ
https://www.kadokawa.co.jp/ (「お問い合わせ」へお進みください)
※内容によっては、お答えできない場合があります。
※サポートは日本国内のみとさせていただきます。
※Japanese text only

定価はカバーに表示してあります。

©Masao Seki 2023　Printed in Japan
ISBN 978-4-04-606076-1　C7082

大学入試問題集

関正生の英語長文

ポラリス ✦ POLARIS

基礎レベル

【別冊】問題編

関正生 著

関正生の

英語長文

ポラリス ✦ POLARIS

$$0$$

基礎レベル

【別冊】問題篇

関正生 著

「ボランティア活動は腹黒い？」

▶ 高崎経済大学（前期）

| 本番想定時間 35 分 | 演習時間の目安 40 分 | 解答解説は本冊 p.28 |

「ボランティア活動に参加しよう」とよく言われ、とにかく良いことだと教えられてきたと思いますが、ここには、とある危険が潜んでいます。「学校では語られない現実」に目を向ける英文を読んでみましょう。

次の英文を読んで、下の問いに答えなさい。（＊のついた語には語注がある。）

1　One of the hottest trends in the travel industry these days is volunteer travel. Many "voluntourists" — tourists who do volunteer work as part of a tour plan — are on school-organized trips. Others are students using their "*gap year" to combine world travel with doing volunteer work in developing countries. Their motivation is to have a personally important international experience while helping local people. Sounds like a good idea, right? [　あ　]? But some critics, many of whom were volunteers themselves, have some doubts about the experience. They suggest that voluntourism is actually doing more harm than good. Some are even calling it the "new *colonialism."

2　The big problem, they say, is that voluntourists are almost always young people who come from a privileged background. Their economic status is very different from that of the people they aim to help. Volunteers have little or no understanding of local culture, history, language, or ways of life. They lack true *humility and consideration, and, though they may not know it themselves, they tend to look down upon their hosts. Thanks to the media, they have a mistaken idea of poverty and the lives of poor people. Coming from a wealthy country, they think they can make themselves "better people" by sharing their sympathy with the poor. Rafia Zakaria, writing in the *New York Times*, says, "Volunteers are often led to believe that unfortunate villages can be transformed by schools built on a two-week trip — that disease can be wiped out by the digging of wells during spring break. The *photo ops, the hugs with the kids, and the meals with the natives are part of this experience. The volunteers can see and touch those they are 'saving' and take evidence to support their new sense of being a caring and respectable person back home with them."

3 In fact, however, most voluntourists don't have a clue as to how to build a school or dig a well, or how to be of any real assistance at all. As Pippa Biddle, a former volunteer, recently wrote on her popular blog: "Wanting to create change does not necessarily mean that you have the skills to make that happen. By sending unskilled volunteers to do complicated tasks, we set the volunteers up for (1   ), and increase the likelihood that their trips become 'poverty tourism' rather than productive volunteer work."

4 For example, many volunteers are sent to work in overseas *orphanages. But Linda Richter, a developmental psychologist, says this creates a serious problem: "Children in orphanages long for affection. They hang on to any adult who responds to them. When volunteers stay in orphanages for short periods of time, children become attached to them." But these (2   ) relationships don't help the child in the long term, says Richter. "When the volunteer leaves, it becomes yet another disappointment for the child."

5 And as you might expect, there's one more problem: travel agencies and tour companies are actively taking advantage of the voluntourism trend, making as much money from it as they can.

（出典：*Everyday English* 一部改変）

（語注）
gap year：大学進学前に学業以外の活動をするための1年ほどの期間
colonialism：植民地主義　　humility：謙虚さ
photo op：写真撮影の機会　　orphanage：孤児院

1. 本文の意味に合うように、下のア～カの語句を並べ替えて空欄 [　あ　] を完成させその記号を書きなさい。（文頭に来るべき語も、語頭は小文字になっています。）

ア wanting to　　　　イ wrong　　　　　ウ what
エ make a difference　オ with kids　　　　カ could be

2. 空欄（　1　）と（　2　）に入る最も適切な語句をア～エの中からそれぞれ1つずつ選び、その記号を書きなさい。

（1）ア college　　イ failure　　ウ life　　エ success
（2）ア brief　　　イ extensive　ウ long　　エ permanent

（1）[　　　]　（2）[　　　]

4

3. 本文の内容に合うものを下のア〜オの中から2つ選び、その記号を書きなさい。

> ア Young volunteers' ideas about the poor have been shaped by mass media.
>
> イ These voluntourism programs are run by charity organizations.
>
> ウ Pippa Biddle believes that in order to succeed in voluntourism all volunteers need is to have the will to bring change.
>
> エ According to Rafia Zakaria, it is possible that young volunteers participate in volunteering overseas because it will improve their image after they come back home.
>
> オ In reality, the economic status of the voluntourists and that of the natives are not as different as we might expect.

4. この記事が書かれた主要な目的として最も適切なものを1つ選び、その記号を書きなさい。

> ア to persuade readers to get more involved in volunteering
>
> イ to inform readers of the dangers and reality of voluntourism
>
> ウ to warn readers of the difficult living conditions of poor people
>
> エ to encourage readers to learn the culture and language of the locals

「もはや常識の『プラスチック汚染』」

▶ 成蹊大学（理工）

| 本番想定時間 25分　| 演習時間の目安 30分　| 解答解説は本冊p.42 |

以前、ウミガメがストローを吸い込んでしまった痛ましい動画が世界中で反響を呼び、プラスチック汚染への懸念が急速に広がりました。その後、日本でもレジ袋有料化や、カフェでのプラスチック製の使い捨てストローから紙製ストローへの切り替えなど、脱プラスチックの動きは加速しています。今回はそういった背景の基本ともなる英文を読んでみましょう。

以下の英文は、プラスチックが海に与える影響に関する記事である。この英文を読み、設問１～４に答えなさい。

We depend on plastic. Now we're drowning in it.

1　It's hard to imagine now, but a little over a century ago, hardly anyone knew what plastic was. Today plastic is everywhere, and it makes modern life possible, $_{(1-A)}$ (＿＿＿) life-saving medical devices (＿＿＿) the lightweight materials used in our cars, computers, phones, spaceships, shopping bags, and on and on.

2　$_{(2-A)}$ (＿＿＿), plastic has become a plague on the environment ─ particularly our oceans, Earth's last drainage sinks. Of the 9.2 billion tons of plastic produced during the past century, most of it since the 1960s, more than 6.9 billion tons have become waste. And of that waste, a *staggering 6.3 billion tons have never been recycled ─ a $_{(1-B)}$ (＿＿＿) that stunned scientists who crunched the numbers in 2017.

3　$_{(2-B)}$ (＿＿＿). In 2015, Jenna Jambeck, a University of Georgia engineering professor, caught everyone's attention with a rough estimate: 5.3 million to 14 million tons of plastic each year, just from coastal regions. Most of it is dumped carelessly on land or in rivers, mostly in Asia. Then, Jambeck said, it's blown or washed into the sea.

4 (1-C) (_____) five plastic grocery bags stuffed with plastic trash, Jambeck said, sitting on every foot of coastline around the world. That would (1-D) (_____) about 8.8 million tons of plastic trash each year. It's unclear how long it will take for that plastic to completely *biodegrade into its constituent molecules. Estimates (1-E) (_____) from 450 years to never.

5 Meanwhile, (2-C) (_____) every year. Nearly 700 species, including endangered ones, have been affected by it. Some are strangled by abandoned fishing nets or discarded six-pack rings. Many more are probably harmed invisibly. Marine species of all sizes, from zooplankton to whales, now eat microplastics, (3) the bits smaller than one-fifth of an inch across.

(Adapted from Parker, L. "*We depend on plastic. Now we're drowning in it,*" National Geographic, June, 2017, https://www.nationalgeographic.com/, Retrieved on June 5ᵗʰ, 2018.)

（注）
*staggering = 驚異的な
*biodegrade = （微生物によって）分解する

---

1. 下線部 (1-A) ～ (1-E) の空所に入れる最も適切なものを、それぞれ次の a ～ d の中から1つ選びなさい。ただし、選択肢に示された順番で空欄に入れることとする。

   (1-A)
   a. to, until   b. by, to   c. from, to   d. at, from

   (1-B)
   a. figure   b. waste   c. plague   d. decrease

(1－C)

a. Even if　　**b.** What if　　**c.** Put　　**d.** Imagine

(1－D)

a. cover up　**b.** correspond to　**c.** cut down　**d.** estimate

(1－E)

a. range　　**b.** build　　**c.** suffer　　**d.** are thought

(1－A) ☐　(1－B) ☐　(1－C) ☐　(1－D) ☐　(1－E) ☐

2. 本文中の空所下線部 (2－A) 〜 (2－C) がそれぞれ下の和訳の意味になるように正しくそれぞれの語句を並べ替えたとき、3番目に配置される語句の記号を1つ選びなさい。ただし、文頭に来る単語の最初の文字も小文字で示されている。

(2－A)　それが利便性を備えるものではあるものの

a. the　　　　　　**b.** for　　　　　**c.** convenience

d. all　　　　　　**e.** provides　　　**f.** it

(2－B)　リサイクルされないプラスチックが最終的に海にいく量がどれほどかははっきり分かっていない。

a. in　　　　　　　**b.** ends up　　　**c.** the ocean

d. it's　　　　　　**e.** how much　　**f.** plastic waste

g. unrecycled　　　**h.** unclear

8

(2−C) （毎年）海にあるプラスチックは何百万頭もの海産動物を殺すと推定されている。

a. is
b. estimated
c. ocean plastic
d. kill
e. marine animals
f. of
g. millions
h. to

(2−A) ☐　(2−B) ☐　(2−C) ☐

3. 下線部 (3) 'the bits' が意味しているものを次のa～dの中から1つ選びなさい。

a. constituent molecules
b. microplastics
c. completely biodegraded plastics
d. recycled plastics

☐

4. 2段落目で取り上げられている各数値の関係を正しく書き表したグラフを、次
のa〜dの中から1つ選びなさい。

a.

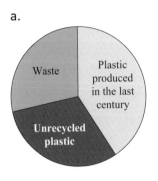

b.

Recycled

Not
waste

Waste

Unrecycled
plastic

c.

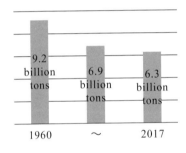

d.

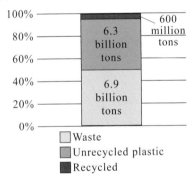

「1円玉はもういらない?」

▶ 宮城教育大学(前期)

| 本番想定時間 25分 | 演習時間の目安 32分 | 解答解説は本冊 p.55 |

新型コロナウイルスの感染拡大も影響して、キャッシュレス化が急速に広がってはいるものの、まだ現金対応のみのお店もたくさんあります。「キャッシュレスが便利」という意見はあっても、「現金のマイナス点」はあまり語られません。今回の問題は和訳2題だけですが、非常に重要な英文なので、すべてをしっかり読んでみてください。

次の英文を読んで、以下の問いに日本語で答えなさい。

1 Money. Some say it is the root of all evil. Others spend every minute of every day thinking about ways to get themselves a little bit more. (1)It is said that money cannot buy happiness, but at the same time, money makes the world go round. Regardless of how you feel about money, it would be hard to argue that it is not essential for our daily lives. Yet, money is changing. More and more societies are moving towards becoming cashless and the way we use money today may be completely different from how we use it tomorrow. As part of the move towards a society that does not handle cash, there have been discussions in the United States about whether or not the penny — the one-cent coin — should be eliminated.

2 U.S. lawmakers have tried repeatedly to eliminate one-cent coins in recent years, but the penny remains a stubborn — and often annoying — part of American life. With the argument to remove the one-cent coin from the wallets of American people strengthening, especially over the past two years as we see an increase in the number of people who are reluctant to touch cash, many believe the penny's days are finally numbered. In a

survey conducted by the global payments company Rapyd, it was found that more than half of American citizens do not want to touch cash and 45% are in favor of the abolishment of the penny.

3 Another strong case for the discontinuation of the penny is the expense of making these coins. It is said that in 2018, the U.S. Mint, the place where money is produced in the United States, lost around $69 million just through making pennies. It is reported that it costs the Mint two cents to produce each one-cent coin. This is due to the high costs of copper and zinc: the materials required to make pennies. And the losses are expected to increase further in coming years.

4 The one-cent coin has already been eliminated from the monetary systems of many countries. Canada, for example, ceased using one-cent coins in 2012 and now the lowest denomination is the five-cent coin. In the early 1990s, Australia and New Zealand stopped producing one- and two-cent coins. Although it is still legal to use these coins, there are few opportunities, as prices of items in stores are always rounded up or rounded down to the nearest five- or ten-cent cost. So when you are shopping, any total cost that finishes with one or two will be rounded down to zero. If the total cost finishes in three, four, six, or seven, it will be automatically rounded to the nearest five. In the case when the last digit is eight or nine, the cost goes up to the next ten.

5 (2) Whether the groups pushing for the penny's disappearance from the U.S. monetary system will be successful or not remains to be seen. But there is no doubt that the same debate will be seen in the near future in many other countries around the world, including Japan. What do you think about the one-yen coin? Is it essential for our daily lives? Or should we follow the lead of other countries and say sayonara to our little friend?

(Roberts, J. J. (2020). Will the Pandemic Kill the Penny? *Fortune*.
https://fortune.com/2020/08/14/us-coins-penny-coronavirus-pandemic-one-cent-coin/ を参考に
して作成)

問1．下線部 (1) を和訳しなさい。

問2．下線部 (2) を和訳しなさい。

「自動運転の安全性」

▶ 尾道市立大学（前期）

| 本番想定時間 17分 | 演習時間の目安 22分 | 解答解説は本冊p.68 |

自動運転技術の開発・実用化が猛スピードで進められています。さらに新型コロナウイルスの感染拡大防止策として、中国などでは配達員と触れ合わない「自動運転の配達ロボット」も使われていますが、まずはその基本として「自動運転」に関する英文を読んでみましょう。

次の文章を読み、以下の設問に答えよ。

1　Self-driving vehicles could (　1　) people with much better transportation services, and in particular reduce *mortality from traffic accidents. Today close to 1.25 million people are killed annually in traffic accidents (twice the number killed by war, crime, and terrorism combined). More than 90 percent of these accidents are (　2　) by very human errors: somebody drinking alcohol and driving, somebody texting a message while driving, somebody falling asleep *at the wheel, somebody daydreaming instead of paying (　3　) to the road.

2　*The National Highway Traffic Safety Administration (　4　) in 2012 that 31 percent of fatal crashes in the United States involved alcohol abuse, 30 percent involved speeding, and 21 percent involved *distracted drivers. Self-driving vehicles will (　5　) do any of these things. Though they suffer from their own problems and limitations, and though some accidents are (　6　), replacing all human drivers by computers is expected to reduce deaths and injuries on the road by about 90 percent. In other words, switching to autonomous vehicles is (　7　) to save the lives of one million people every year.

(Yuval Noah Harari, *21 Lessons for the 21st Century*, 2018 (adapted))

（注）
mortality：死亡者数　　at the wheel：運転中に
The National Highway Traffic Safety Administration：全米高速道路交通安全委員会
distracted：注意散漫な

問1（　　）の1〜7に入る最も適切なものを、（a）〜（d）の中からそれぞれ1つ
選んで記号で答えよ。

1. (a) fill　　　　(b) mix　　　　(c) provide　　　(d) exchange
2. (a) said　　　　(b) advised　　(c) attracted　　(d) caused
3. (a) attention　(b) bills　　　(c) fines　　　　(d) money
4. (a) focused　　(b) estimated　(c) imagined　　(d) remembered
5. (a) soon　　　　(b) often　　　(c) surely　　　(d) never
6. (a) necessary　(b) inevitable　(c) useful　　　(d) exciting
7. (a) discouraged　(b) used　　(c) likely　　　(d) dangerous

1 ☐　2 ☐　3 ☐　4 ☐　5 ☐　6 ☐　7 ☐

問2 下線部を日本語に直せ。

「宇宙飛行士に障がいは関係ない！」

▶ 神奈川大学（法・経済・経営・外国語・国際日本・人間科・理・工・建築）

| 本番想定時間 25分 | 演習時間の目安 35分 | 解答解説は本冊 p.77 |

世間では強調されませんが「宇宙」に関する英文はとても重要です。入試でよく出るのに、そこで当たり前のように使われる語句が知られていないのです（今回出てくる orbit などは英語上級者でも知らない人がたくさんいます）。しかも今回は「障がい・男女」という頻出テーマも含まれた、1粒で3度美味しい長文です。

次の英文を読んで、問いに答えなさい。

[1]　The phrase "shoot for the stars" has just taken on a very personal meaning for Hayley Arceneaux. On February 22, 2021, she was selected as one of four crew members of the SpaceX Inspiration4 — the world's first mission involving ordinary citizens as its astronauts. The twenty-nine-year-old will make further history as the youngest American — and the first with an artificial limb — to travel into space.

[2]　"Until this mission, I could have never been an astronaut," Arceneaux said. "This mission is opening space travel to people who are not physically perfect."

[3]　Arceneaux's ambition for space began two decades ago, following a visit to the NASA* Space Center during a family vacation. "I got to see where the astronauts trained and of course wanted to be an astronaut after that," she recalled. However, the young girl's dreams were interrupted a year later when doctors found a type of bone cancer in her left leg.

[4]　Fortunately, the disease was detected early. Doctors were able to stop the cancer's spread through treatment and by replacing the diseased bones in her leg with metal supports. Given NASA's strict medical requirements,

Arceneaux believed that she might never realize her dream of becoming an astronaut. As a result, she began thinking about a different mission, one that was just as challenging and fulfilling. She hoped to work with young cancer patients at the hospital where she had been treated.

5. Yet Arceneaux's dream of going to space was far from over. On January 5, 2021, she got a surprise call from Jared Isaacman, the chief executive officer (CEO) of a successful payment processing company. He asked her if she would like to go to space. Arceneaux answered immediately, "Yes, yes, absolutely!"

6. As an enthusiastic jet pilot, Isaacman had always hoped for a chance to go to space. When SpaceX announced the world's first all-commercial astronaut mission, the thirty-seven-year-old business professional instantly booked the available four seats.

7. Isaacman will be the pilot of the space mission and is giving the other three seats to people who have demonstrated certain positive characteristics. Arceneaux, the first crew member to be chosen, represents "hope" because she survived cancer and now helps patients as a physician's assistant. The second passenger represents a "generous quality." This person will be someone who is part of Isaacman's campaign to raise $200 million for a cancer hospital that treats children for free. Isaacman has already contributed half of the amount himself. The third seat, representing "economic success," will be given to a business person who adopts the payment platform developed by Isaacman's company.

8. Prior to the mission launch, the Inspiration4 crew will undergo intense training for space flight and learn how to prepare for emergencies. The mission will orbit Earth every ninety minutes along a flight path determined in advance. It will be carefully monitored from Earth by SpaceX mission control engineers. The astronauts will spend their time in space conducting important scientific experiments.

9. While Arceneaux is set to be the first person with a so-called disability* to go into space, she will not be the last. On February 19, 2021, the European Space Agency (ESA) announced a plan to consider all

17

astronaut candidates fairly, regardless of their race, gender*, and, most importantly, physical limitations. "Representing all parts of our society is a concern that we take very seriously," said a director from ESA.

(Adapted from Emily Moulin, "Hayley Arceneaux to Become the Youngest American to Go to Space," *DOGOnews*, March 25, 2021)

（注）
*NASA　米国航空宇宙局　　*disability　障がい
*gender　ジェンダー（性別）

問1 本文の内容を考え、次の問い1～5の正しい答えになるものをa～dから1つずつ選び、その記号を書きなさい。

1. Why did Hayley Arceneaux want to be an astronaut?
   a. Her parents advised her to train as an astronaut.
   b. She was inspired after seeing a training center.
   c. Her physical illness forced her to think about life.
   d. She wanted to overcome her new health challenges.

2. What interfered with Arceneaux's dream of becoming an astronaut?
   a. Doctors told her that she would never walk again.
   b. She broke one of her legs in a bad training accident.
   c. Doctors found a serious health condition in her body.
   d. She realized that space travel would make her sick.

3. What brought Arceneaux back to her dream of going to space?
   a. She received an invitation from someone raising funds for cancer patients.
   b. She stayed motivated by working with doctors and nurses.
   c. She saw an announcement about the SpaceX Inspiration4 on the news.
   d. She felt strong after her treatment and took some classes.

4. What is true about Jared Isaacman and the Inspiration4 mission?
   a. He needed to sell three of the seats to help pay for the expensive mission.
   b. He has to train very hard so that his passengers can simply relax and enjoy the flight.
   c. He was an astronaut before, but the mission is his first chance to go to space.
   d. He and the ship's crew must perform some valuable tasks while in space.

5. What is the European Space Agency's position when considering a person who wants to become an astronaut?
   a. The ESA can hire only the most physically fit astronauts.
   b. Astronaut candidates must be assessed without prejudice.
   c. The ESA will train any woman who wants to become an astronaut.
   d. Astronauts with a disability will receive preferred consideration.

| 1 | | 2 | | 3 | | 4 | | 5 | |

「課題が山積みのフードロス」

▶ 金城学院大学

| 本番想定時間 26分 | 演習時間の目安 34分 | 解答解説は本冊 p.95 |

> 売れ残ったコンビニのお弁当を処分しているところを見て「もったいないなあ」
> とは思うでしょうが、これがもはや社会問題になっていることはあまり知られて
> いないかもしれません。今回はそんな「食品ロス」の現実や取り組み、そして
> なぜこの問題が一筋縄では解決できないのかを説明してくれる英文を読んで
> みましょう。

次の英文を読み、あとの問い（問 1 ～ 6）に答えなさい。なお、①～
⑨は段落を示しています。＊印の語（句）には注がついています。

① Major convenience store operators are the latest firms to introduce measures to *curb food waste as companies step up efforts to address (a) **the issue** in the country, where 6 million tons of *edible products are *discarded annually. However, restaurants and households, which (b) **are responsible for** some 66 percent of discarded food, are moving more slowly to *slash the amount of leftover items. Eateries are concerned they will lose customers if they serve smaller portions, while Japanese consumers tend to prioritize product freshness.

② Seven-Eleven Japan Co. and Lawson Inc. said Friday they will start discounting rice balls and bento lunchboxes as they near the end of their *shelf life. Under the plan, they will offer customers enrolled in the chains' point programs shopping credits worth 5 percent of the purchase price of such items. "Food loss is a big problem domestically and globally as well, so convenience stores also need to confront this issue," Lawson President Sadanobu Takemasu said Friday. "We will continue to make efforts to sell out our food products." Takemasu said that around 10 percent of the chain's rice balls and lunchboxes are discarded as waste.

3 According to the U.N. Food and Agriculture Organization, roughly 1.3 billion tons of food is wasted globally every year, while 1 in 9 people in the world—or 815 million—are undernourished. Overproduction of food and *incineration of food waste consumes energy and contributes to *carbon dioxide emissions.

4 In its sustainable development goals, the U.N. calls for halving per capita global food waste at the retail and consumer levels and reducing food losses along production and supply chains by 2030. Against this backdrop, agriculture ministers from the Group of 20 major economies at a meeting earlier this month in the city of Niigata agreed to take a leading role in reducing food waste. "Productivity needs to increase and distribution needs to be more efficient, including by reducing food loss and waste, in order to achieve food security and improve nutrition for the growing world population," said the ministers' declaration issued May 12.

5 The government has also been pushing to reduce food waste amid rising global awareness of the issue, which is linked to greenhouse warming and poverty. In January, the Agriculture, Forestry and Fisheries Ministry urged industry groups of convenience stores and supermarkets not to overproduce seasonal sushi rolls. (c) **The request** by the ministry, the first of its kind, came after images of large amounts of discarded sushi rolls went viral on social media, sparking controversy.

6 "Reducing food loss means less waste of natural resources and it is also important from the standpoint of easing burdens on companies and households," Chief Cabinet Secretary Yoshihide Suga said Friday."Related ministries and agencies will continue to work as one" to (d) **deal with** the challenge, he said.

7 While convenience stores and supermarkets tend to be blamed as massive waste producers, the retail sector discarded only around 10 percent or 660,000 tons of the total 6.43 million tons in *fiscal 2016 through March 2017, according to government data. Food-related manufacturing and restaurants sectors, meanwhile, threw away 1.37

million tons and 1.33 million tons, respectively. Households alone made up over 40 percent of the total at 2.91 million tons.

8 Among companies that have been taking steps to address the issue of food waste is major restaurant chain operator Skylark Holdings Co., which offers customers a container in which to take home leftover food, although the concept of a doggy bag (e) **has yet to take root** in Japan. Other initiatives include one launched by Prince Hotels Inc., which has introduced plates with nine partitions at a buffet-style restaurant it operates in the resort town of Karuizawa, Nagano Prefecture, as a way to discourage diners from helping themselves to more than they can eat. But restaurant operators remain *wary that serving smaller portions could upset their customers. "It's up to the customer whether or not he finishes his meal," a restaurant official said.

9 As for household food waste, which the government wants to reduce by 50 percent by fiscal 2030 from fiscal 2000 levels, amounts have been *edging up of late. This could be a reflection of Japanese food culture's emphasis on product freshness and safety, and shows that where tackling food waste is concerned, the country still has plenty of work to do.

("Japanese convenience stores tackle food waste issue; households and restaurants slow to get on board" by Junko Horiuchi)

（注）
curb 「抑制する」
edible 「食べられる」
discarded 「捨てられる」
slash 「切る」
shelf life 「保存期間」
incineration 「焼却」
carbon dioxide emissions 「二酸化炭素の排出」
fiscal 「会計年度」
wary 「用心深い」
edging up 「少しずつ増えている」

問1 下線部 (a) の"the issue"の内容に最も近いものを、下の①〜④のうちから一つ選びなさい。

① curbing food waste
② introducing measures
③ operating stores
④ producing products

問2 下線部 (b) の"are responsible for"の意味に最も近いものを、下の①〜④のうちから一つ選びなさい。

① account for
② replace
③ save up
④ take away

問3 下線部 (c) の"The request"の内容に最も近いものを、下の①〜④のうちから一つ選びなさい。

① Do not discard sushi rolls
② Do not overproduce seasonal sushi rolls
③ Do not put images of sushi rolls on social media
④ Do not reduce food waste

問4 下線部 (d) の "deal with" の意味に最も近いものを、下の①〜④のうちから一つ選びなさい。

① handle
② look after
③ obtain
④ take over

問5 下線部 (e) の "has yet to take root" の意味に最も近いものを、下の①〜④のうちから一つ選びなさい。

① has already been established
② has not started yet
③ will soon be accepted
④ will take time to become a custom

問6 第8段落の内容と一致しているものを、下の①～④のうちから一つ選びなさい。

① Both Skylark Holdings Co. and Prince Hotels Inc. are among the companies that have been working on the issue of food waste.

② Introducing plates with nine partitions encourages customers to serve themselves more than they can eat.

③ Offering customers a doggy bag indicates that they should not finish their meal and take some home.

④ Restaurant operators do not mind serving their customers smaller portions in order to reduce food waste.

LESSON 7 「ポテトヘッドに "Mr." はいらない!?」

▶ 武蔵大学(経済・人文・社会・国際教養)

| 本番想定時間 22分 | 演習時間の目安 35分 | 解答解説は本冊 p.114 |

> ジェンダー・LGBTQなどがよく話題になりますが、それは最新の入試でも同じ
> です。しかも入試では「教科書的な話」ではなく、「注目度が高い、意外性が
> あるネタ」が扱われます。今回は『トイ・ストーリー』でもおなじみのキャラクタ
> ーである「ポテトヘッド」を中心に、社会の変化と企業の苦悩を語る英文です。

次の文を読み、問に答えなさい。

1 Is it Mr. Potato Head or not?

2 Hasbro created confusion Thursday when it announced that it would drop the "Mr." from the brand's name in order to be more inclusive and so all could feel "welcome in the Potato Head world." It also said it would sell a new playset this fall without the Mr. and Mrs. designations that will let kids create their own type of potato families, including two moms or two dads.

3 But in a tweet later that afternoon, Hasbro clarified that while the brand is changing, the actual Mr. and Mrs. Potato Head characters will still live on and be sold in stores. In a picture posted on Twitter, the "Mr." and "Mrs." names are less [a   ] displayed at the bottom of the box, instead of the top.

4 "While it was announced today that the POTATO HEAD brand name & logo are dropping the 'MR.' I yam* proud to confirm that MR. & MRS. POTATO HEAD aren't going anywhere and will remain MR. & MRS. POTATO HEAD," the company tweeted.

5 The tweet came after news of the brand name change exploded on

26

Twitter, with people asking if Barbie will change her name next. "I think Hasbro needs to drop the 'Bro' and just be 'Has,'" another person tweeted.

6　Hasbro appears to want to have it both ways: expand the brand, while not killing off its most iconic characters, which appeared in the "Toy Story" films.

7　"They are looking to broaden the franchise," said Robert Passikoff, founder of marketing consultancy Brand Keys. "You take the focus of what is essentially one character and now allow it to be a platform for many characters."

8　Kimberly Boyd, a senior vice president at Hasbro, said the intention of the brand name change was to be more inclusive and to have the characters still live within the Potato Head universe.

9　"It created a lot of excitement," she said about the reaction.

10　GLAAD, an LGBTQ (1)advocacy group, applauded the more inclusive Potato playset.

11　"Hasbro is helping kids to simply see toys as toys, which encourages them to be their authentic selves outside of the pressures of traditional gender norms," said Rich Ferraro, GLAAD's chief communications officer, in a statement.

[　　　　b　　　　　]

12　"It's a potato," said Ali Mierzejewski, editor in chief at toy (2)review site *The Toy Insider*, about the new playset. "But kids like to see themselves in the toys they are playing with."

13　Barbie, for example, has tried to shed its blonde image and now comes in multiple skin tones and body shapes. The Thomas the Tank Engine toy line added more girl characters. And American Girl is now selling a boy doll.

14　Mr. Potato Head first hit the toy scene in 1952, when it didn't even come with a plastic potato — kids had to supply their own vegetable to poke eyes, a nose or mustache into. Hasbro, which also makes Monopoly and My Little Pony, bought the brand and eventually added a plastic spud.

*本来amであるところをyam（ヤム芋）にひっかけたただじゃれ

(Joseph Pisani, "Mr. Potato Head drops the mister, sort of," *AP News*. 26 February 2021,
https://apnews.com/article/mr-potato-head-goes-gender-neutral-
d3c178f2b9b0c424ed814657be41a9d8より)

問1 第2段落（Hasbro created confusion ... or two dads.）の内容と一致する文章を①〜④の中から1つ選びなさい。

① Hasbro announced they would sell a Potato Head product that does not have the gender-related titles "Mr." or "Mrs."

② In a television advertisement, Mr. Potato Head said the labels "Mr." and "Mrs." were not needed anymore.

③ Hasbro made a statement that their Potato Head World is already inclusive.

④ Hasbro produced new toys named Two Moms and Two Dads.

問2 空所 [a] に入れるべき最も適切な語を①〜④の中から1つ選びなさい。

① permanently　② probably　③ professionally
④ prominently

問3 下線部 (1) advocacy の意味として最も適切な語を①〜④の中から1つ選びなさい。

① consulting　　② support　　③ diversity　　④ critical

問4 本文の内容に即して、空所 [　b　] に入れるべき文章として最も適切なものを①〜④の中から1つ選びなさい。

① Like Mr. Potato Head, more and more toymakers are creating products that encourage children to obey traditional gender norms.

② Many toymakers have updated their classic brands in recent years, hoping to relate to today's kids and more accurately reflect modern families.

③ A shift in marketing strategy by toymakers in recent years has resulted in toys that no longer reflect the values of contemporary society.

④ Vegetables are vegetables, but they can cause significant social changes. Hasbro undertook a social reform project based on the farming ecosystem.

問5 下線部 (2) review site の意味として最も適切なものを①〜④の中から1つ選びなさい。

① a site for the performing arts
② a site for a marketing research company
③ a portal website for several newspapers
④ a website for evaluating products

問6 本文の主旨に最も即したものを①〜④の中から1つ選びなさい。

① The brand name change of Potato Head, which reflects social diversity, is an unprecedented mark of progress in modern history.
② Hasbro has been struggling to balance maintaining the Potato Head brand with developing a more socially progressive product.
③ In the future, this toy will be an important tool for children's education in American society.
④ As seen in this case study, we can forecast the future using toy products and marketing.

「『目は口ほどに物を言う』のは本当か?」

▶ 大妻女子大学

| 本番想定時間 20分 | 演習時間の目安 28分 | 解答解説は本冊 p.131 |

ふてくされた態度で「君はすごいね」と言われたらどう思いますか? 嬉しくない
どころか腹が立つかもしれませんよね。「態度・表情」は「言葉」よりもはるか
に多く情報を伝えることがあります。こういった「非言語コミュニケーション（言
葉以外の伝達）」に関する英文を読んでみましょう。

次の英文を読んで、設問に答えよ。

Where does the 55-38-7 rule come from?

1　These numbers are based on two studies from the seventies by Albert Mehrabian and colleagues. In the first study, participants[1] watched short video clips of a woman saying different words. Words were either positive (e.g. thanks), neutral (e.g. maybe) or negative (e.g. terrible) in meaning. She also said each word in a positive, neutral or negative tone of voice. The participants had to imagine the woman was saying this word to another person, and had to judge how positive the woman's attitude was towards the other person. Whether the woman's attitude was perceived as negative or positive was based more on how she was speaking than on what she was saying. So for example, if she said "thanks" with a negative tone, people thought her attitude was negative. This is something you might have experienced yourself.

2　In a similar experiment, the researchers then compared tone of voice to facial expressions. Whether the woman's attitude was perceived as negative or positive was based more on her facial expressions than on her tone of voice. So if the woman had a positive tone but an angry face, people judged her attitude as negative. The researchers then combined the results from the two studies, and said that the communication of attitudes is 55% due to facial expression, 38% due to tone of voice, and only 7% due to the words that are actually said. This is how the 55-38-7 rule was born....

What is wrong with the 55-38-7 rule?

3 Since then, the 55-38-7 rule has spread around the world and has become one of the biggest (1) **myths**[2] about nonverbal[3] communication. But what is actually wrong with it?

4 One problem is that the rule only looks at three things: the words, the tone of voice and the facial expression. But when we communicate with each other, a lot of other nonverbal signals also play a role. During conversations, we use our hands to point at things, we nod when we agree with something, we move our bodies backwards when we are surprised... The percentages for these other signals from the hands, head, mouth, eyes, and body, are not included in the rule.

5 Moreover, the importance of verbal[4] and nonverbal communication depends on what is being communicated (for example: emotions versus factual information) and on the context (for example: talking on the phone versus chatting face-to-face). The studies above only looked at the communication of attitudes, and (2) **only in the specific case where different signals contradict each other**. So it's probably true that when your partner says "thanks" in an angry way, you should watch out. However, this does of course not mean that whenever we communicate with someone else, what we say is not important!

6 So we cannot simply say that 93% of communication is nonverbal. It is impossible to find a general rule, like the 55-38-7 rule, that applies to all communicative situations. Of course, nonverbal communication is important, but so is verbal communication! So, beware: Your words matter, too!

(Bekke, Marlijn ter. "This is why '93% of communication is nonverbal'is a myth". Donders
Wonders, 6 July 2020. <https://blog.donders.ru.nl/?p= 12172&lang=en>
(なお、一部表記を改めたところがある))

（注）
1 participant　参加者
2 myth　神話
3 nonverbal　言葉を使わない、言葉によらない
4 verbal　言葉の、言葉による

**設問1　筆者はなぜ"The 55-38-7 rule"を下線部 (1) のように"myths"と言ってい
るのか、もっとも適切なものをア〜エから1つ選べ。**

　　ア. このルールが誤った実験結果から導き出された正しくないものである
　　　　から。
　　イ. このルールがかつては有効であったが、現在はそうではないから。
　　ウ. このルールが言葉に表れないものを重視するから。
　　エ. このルールがさらなる検証が必要であるにもかかわらず広く信じられ
　　　　てきたから。

**設問2　下線部 (2) の指し示す内容としてもっとも適切なものをア〜エから1つ選
べ。**

　　ア. 怒った顔をしているのに穏やかな声で話すような場合
　　イ. 対面か電話越しかのように、発話者の発話状況が異なる場合
　　ウ. 発話者の意図が相手により異なる意味で伝わってしまう場合
　　エ. 発話者の発言内容が文脈によっては矛盾してしまう場合

設問3　本文の内容に合致するものをア～エから１つ選べ。

ア. Even if you say something positive, your tone or attitude might convey the opposite.

イ. Tone of voice influences communication more than facial expression.

ウ. Your attitude should correspond with the meaning of words.

エ. What words you actually say matters the most in communication.

設問4　本文の内容に<u>合わないもの</u>をア～エから１つ選べ。

When you say "Thank you" to your friend in a negative tone,

ア. you might make your friend cautious about you.

イ. you will not sound grateful.

ウ. your friend is likely to get confused.

エ. your friend will appreciate your sincere thanks.

設問5　本文の内容にもっとも合致するものをア〜エから1つ選べ。

ア. The importance of nonverbal communication has been less recognized than verbal communication.

イ. The problem with the 55-38-7 rule is that it ignores other various elements, both verbal and nonverbal.

ウ. We need to establish a general rule for human communication as soon as possible.

エ. The words we say is not so important as bodily gestures in communication.

「動物園は残酷!?」

▶ 金城学院大学（文・生活環境・国際情報・人間科・薬）

| 本番想定時間 27分 | 演習時間の目安 35分 | 解答解説は本冊 p.147 |

動物保護というと、「肉を食べるな」「毛皮を着るな」ということばかり聞くと思いますが、実は動物園にも多くの反対意見があるのです。楽しいイメージだけが浮かびがちな動物園も、動物からすると「餌を確保できる」「天敵から襲われない」などのプラス面がある一方、マイナス面もたくさんあるのです。そのマイナス面について教えてくれる英文を読んでみましょう。

次の英文を読み、あとの問い（問1～7）に答えなさい。なお、1～4は段落を示しています。＊印の語（句）には注がついています。

1　It was in 1826 that the Zoological Society was founded in London. In 1867, the title was shortened to zoo. Later on in 1892, the English man Henry Salt, in his book *Animal Rights*, was one of the first to protest against keeping animals in cages. He did not like the idea because of the way the animals were *confined and also the way animals in zoos "lose their character." Since then, many people have criticized zoos for these reasons. However, zoos (a) **claim** that their role is to educate the public and *conserve animals. These aims are not bad in themselves. It is the way in which they are carried out that we must consider.

2　Zoos claim that they have an important educational function. Is this true? In reality most people go to zoos for entertainment. This is what sells the tickets and pays the bills. Zoos say they give people the opportunity to see the wonders of nature and its wild animals. In fact, they are showing us animals that have lost their dignity: animals with sad and empty eyes. (b) **The conditions under which animals are kept in zoos change their behavior.** Animals, like humans, are affected by their environment. After months and years in a cage without any interest, animals begin to lose their natural characteristics. Many animals in zoos get (c) **signs** of "zoochosis," abnormal behavior which includes endlessly pacing up and down and rocking from side to side. It is caused by lack of space, lack of interest, lack of company, and an unsuitable diet. Two polar bears in Bristol zoo in England have been confined in a small area for 28 years and show all the signs of zoochosis. (d) **How can people observe wild animals under such conditions and believe that they are being educated?** To learn about wild animals one must observe them in the wild where they live.

3 Zoos also claim that they are conserving *endangered species in the hope of returning them to the wild in the future. Out of about 10,000 zoos that exist around the world, only about 500 register their animals with an international species database, and only about five or ten percent of these actually work with endangered species. Zoos have projects where they breed animals in zoos for the purpose of *conservation. However, most animals do not need help in breeding; they have been doing it for a long time without any help. Animals have been in danger because their natural surroundings have been destroyed by humans. It is true that zoos have had several success stories with zoo-bred animals. One was the golden lion tamarin, a species of monkey, which had almost become *extinct because humans destroyed its natural *habitat and too many were captured for pets and zoos. Over 100 tamarins were bred in zoos, and when they were released into the wild, only 30 survived. Some were unable to live life in the wild — they were not able to climb trees, or when they did, they fell off; some did not even move; some were not used to a natural diet. It is a *risky business to re-introduce zoo-bred animals to the wild, because if they have lost their instinct for survival and cannot *adapt quickly enough, they will die.

4 In conclusion, it seems that zoos are trying to fulfill their goals to educate and conserve but in the process are harming the animals themselves. What is the solution then? One solution is to protect the

natural homes or habitats of animals. Another possibility is to have habitat preserves where wild animals live with the least possible human interference. If the money and *expertise that zoos are using today were *redirected to habitat preservation and management, we would not have the problems of having to conserve species whose natural homes have disappeared. Nonetheless, there also has to be an international effort to control pollution and the illegal capturing of endangered species.

(Adapted from "Zoos" by Milada Broukal)

（注）
confined 「閉じ込められた」　　conserve 「保護する」
endangered 「絶滅危惧の」　　conservation 「保護」
extinct 「絶滅した」　　habitat 「生息地」
risky 「危険な」　　adapt 「適合する」
expertise 「専門知識」　　redirected 「(異なる方に)向けられる」

問1 下線部 (a) の "claim" と同じ用法で claim が使われているものを、下の①〜④のうちから一つ選びなさい。

① He claimed he knew nothing about the accident.

② She claimed the right to know the truth.

③ The earthquake claimed so many lives.

④ Where should I claim my suitcase?

問2 下線部 (b) **の** "The conditions under which animals are kept in zoos change their behavior." **の内容に最も近いものを、下の①～④のうちから一つ選びなさい。**

① Animal behavior depends on their living environment in zoos.

② Animals are kept in such zoos as can change their behavior.

③ The condition of animal behavior can change the zoo.

④ The conditions of the zoos vary according to animal behavior.

問3 下線部 (c) **の** "signs" **の意味に最も近いものを、下の①～④のうちから一つ選びなさい。**

① gestures ② signatures ③ symbols ④ symptoms

問4 下線部 (d) **の** "How can people observe wild animals under such conditions and believe that they are being educated?" **の内容に最も近いものを、下の①～④のうちから一つ選びなさい。**

① It is under such terrible conditions that people are being educated by watching wild animals.

② People can surely be educated properly by observing wild animals living in such conditions.

③ People cannot see wild animals living under such conditions without believing they can learn something.

④ There is little people can learn by watching wild animals suffering in terrible living conditions.

問5 第2段落の内容と一致しているものを、下の①～④のうちから一つ選びなさい。

① Lack of space, lack of interest, lack of company and an unsuitable diet help wild animals grow.

② People can learn about wild animals best by observing them in their natural homes.

③ Zoos are showing us wonders of nature and its wild animals.

④ Zoos can make a profit by educating the public about wild animals.

問6 第3段落の内容と一致しているものを、下の①～④のうちから一つ選びなさい。

① Most animals need the help of the zoo in breeding.

② One of the successes in breeding animals in zoos is with tamarins.

③ Today, five to ten percent of endangered animals live in zoos.

④ Zoo-bred animals can usually return to the wild smoothly.

問7 本文全体の主旨として最も適当なものを、下の①～④のうちから一つ選びなさい。

① For the purpose of protecting and learning about animals, people should stop capturing wild animals.

② If we want to protect animals and learn about them, we need to keep in mind that redirecting zoo-bred animals to the wild is very risky.

③ In order to protect animals and learn about them, we should help them live in their natural homes rather than keeping them in zoos.

④ It is very important for zoos to consider training animals to return them to the wild so that we can protect and learn from them.

▶ 大妻女子大学

| 本番想定時間 20分 | 演習時間の目安 28分 | 解答解説は本冊 p.166 |

「いつから英語の勉強を始めるべき?」「いつから性教育をするべき?」、最近だと「いつから同性愛について教えるべき?」など、「いつから教育すべき?」はよく話題になります。今回は「いつから人種問題について教えるべき?」という話です。

次の英文を読んで、設問に答えよ。

[1] Adults in the United States believe children should be almost 5 years old before talking with them about race, even though some infants are aware of race and preschoolers[1] may have already developed racist beliefs, according to new research published by the American Psychological Association.

[2] Delays in these important conversations could make it more difficult to change children's misperceptions[2] or racist beliefs, said study co-author Jessica Sullivan, PhD, an associate professor of psychology at Skidmore College.

[3] "Children are capable of thinking about all sorts of complex topics at a very young age," she said. "Even if adults don't talk to kids about race, children will work to make sense of their world and will come up with[3] their own ideas, which may be inaccurate or detrimental[4]."

[4] In an online study with a nationally representative sample, more than 600 participants were asked the earliest age at which they would talk with children about race. They were also asked when they thought children first develop behaviors and cognitive[5] abilities relating to race and other social

factors. More than half of the participants were parents while 40% were people of color. The research was published online in the *Journal of Experimental Psychology: General*®.

5 The participants believed conversations about race should begin near a child's fifth birthday even though children begin to be aware of race when they are infants. Previous research has shown that 3-month-old babies prefer faces from certain racial groups, 9-month-olds use race to categorize faces, and 3-year-old children in the U.S. associate some racial groups with negative traits. By age 4, children in the U.S. associate whites with wealth and higher status, and race-based discrimination[6] is already widespread when children start elementary school.

6 Participants who believed children's capacities[7] to process race developed later also believed conversations about race should occur later. The researchers were surprised that the participants' race did not affect the age at which they were willing to talk with children about race. The participants' parental status, gender, education level, or experience with children also didn't have any bearing[8] on the findings.

7 Another online experiment in the study found that when participants learned about children's developmental abilities relating to race, they said adults should start talking about it when children are 4 years old. This was approximately a year earlier than in the previous experiment.

8 Many white parents often use well-meaning but ineffective strategies that ignore the realities of racism in the United States, said study co-author Leigh Wilton, PhD, an assistant professor of psychology at Skidmore College. Some harmful approaches include a colorblind strategy (e.g., telling children "Skin color doesn't matter," or "We're all the same on the inside") or refusing to discuss it (e.g., "It's not polite to talk about that").

9 The study didn't address exactly when or how adults should talk with children about race, but Wilton said this can begin early.

10 "Even if it's a difficult topic, it's important to talk with children about race, because it can be difficult to undo[9] racial bias once it takes

root," she said. "Toddlers[10] can't do calculus[11], but that doesn't mean we don't teach them to count. You can have a conversation with a toddler about race that is meaningful to them on their level."

|11| Parents, especially white parents, need to become comfortable talking about race or it will only get more difficult as their children get older, Wilton said.

|12| "If we wait until a child is old enough to ask a tough question about the history of racial violence, then it will be that much harder to talk about if there haven't been any meaningful discussions about race earlier in their lives."

("Children Notice Race Several Years Before Adults Want to Talk About It." American Psychological Association. August 27, 2020.
<https://www.apa.org/news/press/releases/2020/08/children-notice-race>
（なお、一部表記を改めたところがある））

（注）
1	preschooler　未就学児	2	misperception　誤解
3	come up with　思いつく	4	detrimental　有害な、好ましくない
5	cognitive　認知に関連した	6	discrimination　差別
7	capacity　能力	8	bearing　関連
9	undo　なくす、取り除く	10	toddler　よちよち歩きをし始めた頃の幼児
11	calculus　微積分学		

設問1　本文の内容にもっとも合致するものをア〜エから1つ選べ。

ア. Children do not develop negative ideas about race until they reach elementary school ages.

イ. It was found out that children as young as 9 months old can recognize the differences of race.

ウ. The parents believed it best to talk about race with children at 5 years old, the age when they begin to be aware of race.

エ. The results of the research varied depending on the participants' race, gender, and educational level.

設問2　パラグラフ7以降の内容にもっとも合致するものをア〜エから1つ選べ。

ア. ここで説明されている別の調査においても、子供の人種理解の発達速度は前の実験結果と同じであることがわかった。

イ. 子供と人種問題を話し合う時に大事なことは、外見の違いではなく内面こそが大切なのだというスタンスを親自身がとり続けることである。

ウ. 子供の十分な成長を待ってから人種問題について話し合うのがよいと考えていると、時機を逸してしまう可能性がある。

エ. 人種差別の意識は後の教育によって是正できることなので、あせって子供とその問題を生半可に話そうとすることは勧められない。

設問3 以下は本文の要約である。(A)〜(E) の空所に入るもっとも適切な語を下記のア〜コから1つ選べ。

Children, even before their (A)_____ birthday, can already tell between the faces of people of various racial groups. Furthermore, (B)_____ children can link higher status and wealth with whites. On the other hand, adults in a survey believed children under 5 years old are (C)_____ young to have a talk about race. More than 300 of the adults in the survey were parents and 60% of them were whites. It is important for parents, who are (D)_____ about talking to their children about race, to understand the gap between what they believe and what young children can already understand about racial (E)_____. The researchers disagree that parents need to discuss race with their children at a later age.

ア happy   イ differences   ウ elementary school

エ 5th   オ 1st   カ not

キ preschool   ク similarities   ケ too

コ uncomfortable

(A) ☐   (B) ☐   (C) ☐   (D) ☐   (E) ☐